市民の考古学―14

コメを食べていなかった？弥生人

谷畑美帆

同成社

はじめに

　私たち日本人にとって最もなじみ深い食べ物と言えば、コメであろう。
　「私はおコメが嫌いです」という日本人にはほとんど出会ったことがないし、昨今はアレルギーの問題もあるが、この食材と一切関わることなく今まで生きてきた人は日本では少ないように思う。
　しかしその一方で、コメ離れは確実に進んでおり、政府による減反制度が実施されるなど、コメとの距離は少しずつ開きつつある今日この頃である。
　2013年度現在、日本の食糧自給率は主要先進国の中では最下位の40位である。
　自給率を上げるにはコメをたくさん食べるのが早道なのだが、2012年のこども農林水産省白書によると40年前に比べて、コメを食べる割合は約半分に減少してしまっている。
　だが、日本食にはやはりコメがあう。これは今後もたぶん変わらないのではないだろうか。
　私自身、なんだかんだと毎日コメを食べているが、イギリスの大学で寮暮らしをしていた頃、同棟の人たちに「おコメが炊ける匂いはくさい。鼻につく」といやがられたことがある。
　コメにはリン酸が多く含まれており、加熱すると、その匂いが強く出る。この匂いはご飯の開始を連想させる良い香りだと疑わな

かったが、そう思わない人もいることをこのときはじめて知った。また匂いに敏感な妊娠中の女性などは、この匂いが気になることもあるらしい。しかし、大多数の日本人にとってはコメは極めて身近なものである。その証拠にコメに関する用語は多く、日本人の名字の中には「田中」や「米田」などのようにコメ作りをイメージさせるものも多い。

　コメ作りには手間がかかる。細かい作業の得意な日本人には向いているともいえる地道な作業であるが、その労力は大変なものである。後述するが、この植物は、台風などの災害にも弱く、かつては毎年決まった収穫量が得られるとは限らなかった。しかし人々は、がんばってコメ作りをしてきた。では、なぜこんなに大変な思いをしてまでコメを作って食べるようになったのだろうか。

　コメ作りを開始するようになって、人びとの生活は大きく変わっていったという。なぜなら、コメ作りに際しては、ある程度の面積を持った土地を確保し、コメがきちんと作れるように管理していかなければならず、狩猟採集の生活体制とは異なるシステムが不可欠となってくるからである。またこうした新しい生産技術をもたらした人々が日本列島にやってきたということも頭に置きながら、当時の生活様相や社会状況が果たしてどのようなものであったのかをみていきたい。本書では、こうしたコメとのお付き合いはいつからはじまったか、そして、彼らの生活がどのように進展していったのかを考察するため、「人骨」とその関連資料を中心に話を進めていくこととしたい。

目　次

はじめに　i

第1章　弥生人とはどんな人達だったのか？　…　3

1．弥生人登場　3
2．人骨が残る場所―砂丘にある人骨たち―　8
3．少し西に足をのばすと……　13
4．骨はたまたま見つかる―東京観音の下で見つかった骨―　15
5．やってきた人たち　18
6．どこからやってきたのか？　20
7．DNAと形態の話　23
8．渡来人を受け入れた地域　26

第2章　弥生の社会をみてみると　……………………　31

1．環濠集落の登場　31
2．地盤をみるということ　32
3．墓から社会を見る―北部九州の場合―　35
4．いつまで小児棺を使うのか？　38
5．死因は何か？―糸島キッドの場合―　41
6．骨の一部が出土する再葬墓　43
7．壺の中に骨を入れる　48
8．鵜ではない鳥の話　50
9．甕棺墓の変遷―階層差をみる―　52

10．副葬品からみた大人と子どもの様相 54
　11．切り傷のある人たち 58
　12．戦争の痕跡をみる―釜石での事例から― 61
　13．戦争が始まった時期―最初の弥生人？― 63
　14．戦いはなぜ起こる？ 67

第3章　出土人骨でわかった弥生人の病気 ……… 71
　1．病気とは何か？ 71
　2．狩猟採集から農耕への変化をみる 72
　3．病気になる人、ならない人―DNA― 77
　4．進化と病気について 80
　5．感染症の起源―ヒトの移動がもたらした病気― 82
　6．日本列島の結核はどこから？―勒島遺跡出土の人骨― 85
　7．パウンドリー遺跡の場合 89
　8．パラドックスと健康 91

第4章　弥生人はコメを食べていたのか？ ……… 95
　1．コメ作りによって 95
　2．コメ作りは重労働 97
　3．コメは私たちに何をもたらしたか？ 99
　4．神格化されてきたコメ 101
　5．コメ作りの様相 103
　6．コメの収穫量と実際に食べていた量 105
　7．コメ作りが遅れたのは 108
　8．北の地域のコメ作り 113
　9．衝撃の遺跡―柳沢遺跡― 115
　10．コメ作りはいつから 118
　11．食性の多様性―骨の分析でわかる食生活― 121

第5章　骨と環境 ………………………………………… 125

1．食料資源と環境　125
2．おいしいものは体に悪い？　126
3．弥生人の食卓　129
4．姿、かたちがかわる　131
5．骨にみる高齢者の活躍　133
6．過去から学ぶということ　136

参考文献　141

おわりに　145

コメを食べていなかった？
弥生人

第1章　弥生人とはどんな人達だったのか？

1．弥生人登場

　2009年3月、福岡県糸島市にある井原鑓溝遺跡（い はら やり みぞ）（弥生時代後期）の発掘現場を訪問。発掘現場というのは面白いもので掘るとさまざまな物がでてくる（もちろん何も出てこないこともあるが…）。今回の場合はというと、壊れた棺の中でガラス玉が数個光っていた。そして、そのちらばったガラス玉の間に、白っぽいものも見え隠れしていた。

　土の中に埋葬された棺は、数千年の時を経て私たちの目の前に登場する。が、多くの場合、棺は壊れ、中には土がどっさり入っている。そのため、棺の中は土だらけである。

　しかし、この土まみれの棺内を丁寧に掘りすすめていくと、そこからは副葬品や埋葬された人の一部である「人骨」が出てくるのである。先ほどの棺からは、ガラス玉と一緒に白っぽいものが出土したが、これが人の骨であった。

　出土したまさにそのときの状況を正確に記載し、仕上げられるのが現場で作成される実測図である。この図面には、被葬者である人骨の部位やその人物と一緒に出土したガラス玉の着装状態などを推測するためのさまざまな情報が書き込まれ、これは、その後の調査を進めていくに際して不可欠なものとなっている。

弥生時代における北部九州の墓と言えば、「甕棺」である。甕棺とは上下二つの甕や壺をあわせ、棺として使用したもののことをさしている。これらは、弥生時代前期末から中期（2千3百年前）において、この地域で盛行し、大きなものではその容積は600Lにも及んでいる。

 上下二つの容器を併せた甕棺のあわせ部には、粘土で蓋をして、埋葬される。また、この合わさった二つの甕が破損していなければ中は密閉状態であるため、被葬者である人骨の残り具合は総じて良好である。こうした場合、ほとんどすべての骨がきれいに残っており、指や足の骨などの小さな骨まで取り上げることもできる。

図1　被葬者を納めた甕棺（福岡県井原鑓溝遺跡出土）

閉ざされた空間内では、軟組織が腐る初期の腐敗において棺内の酸素の大部分が使用されてしまう結果、その後の腐敗は骨にまで及ばないという。すると、全体としての人骨の残りは「良い」ということになる。私たちはこのような理由で弥生時代の人びとの骨を良好な状態で観察することができるのである。

とはいえ、甕棺から出土する人骨の頭蓋骨には特異な点がある。すなわち頭蓋骨の内面に、いくつもの太めの筋が入っており、それはみるからに奇妙であり、病変のようにもみえるデコボコが観察されるのである。そのことを調査担当の方にうかがうと「甕棺から出るのはこんなんですよ」といわれた。これは、甕棺特有の腐り方に

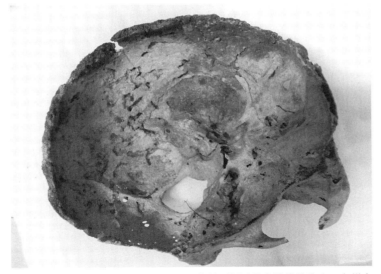

図2　甕棺特有の腐り方をしている頭蓋骨（福岡県金隈遺跡出土、九州大学総合研究博物館収蔵）

よるものだという。

埋葬された人間が白骨化するには、条件にもよるが数カ月の時間が必要だとされている。

しかし遺体の腐敗は、さまざまな条件によって、早くも遅くもなる。たとえば、温湿度が高い条件下においては微生物の活動が活発になるため、遺体の腐敗は急速に進行する。

数年前に東南アジアで起こったスマトラ沖地震による被害は相当なもので28万人が犠牲になったといわれている。タイでは法医学者を中心としたチームが結成され、遺体がどこのだれか、個体識別を実施する作業が延々続けられたのである。

暑い地域での作業であるため、遺体の腹部はボールのように膨らみ、腐敗は進行し、作業は難航。こうしたすさまじい作業風景を想像することは難しい。が、タイのバンコクにあるシリアート病院付属解剖博物館などに行くと、特別に展示スペースが設けられており、その一端を見ることはできる。

このように、暑い国では遺体の腐敗は早く進む。こうした温湿度ばかりでなく、周辺環境の一つである土壌の成分やpH値なども条件となり、埋蔵環境はそれぞれ複雑である。そのため、一概に「白骨化に何カ月かかる」とはいえないのが現状である。

遺体が腐敗するための条件について、人類学者のジャネッ

図3　タイ・シリアート病院附属解剖博物館入り口

ト・ヘンデルソンさんは、本質的要因と付帯的要因の二つに分けて考えるべきと主張している。

　すなわち本質的なものとして、資料そのものである人体・人骨の特性に注目すべきだとし、具体的には、人体の年齢、皮下脂肪の総量、そして人体が骨化した場合には、その骨の形態や大きさ、厚みによって遺存率が大きく変わってくると指摘している。さらに、付帯的要因として埋蔵環境の特性に注目し、次のような条件にも作用するとしている。

　　①水分の有無（乾燥状態か水浸出土状態かなど）
　　②土壌のタイプ（pH値・粒度・土壌成分など）
　　③温度（10度上昇するごとに2倍の速度で腐敗が進む）
　　④酸素（初期の腐敗には酸素が必要なため、酸素不足の状態だ
　　　　とかなり進行は遅れる）

　甕棺埋葬の場合は、先述したように、甕棺が壊れて土が入り込んだりしないかぎり、基本的に密閉空間である。

　そのため、甕棺に埋葬されている被葬者の腐り方は、酸素不足のため遅れがちとなり、石棺や木棺など他の棺に納められている遺体とは異なっているのである。

　たとえば、佐賀県神埼市（神埼町にもまたがる）吉野ヶ里遺跡から出土している甕棺埋葬の男性人骨（SJ-0329号人骨）をみておこう。この男性の場合、全身骨格がほぼ完全な状態で出土しており、手や足などの小さな骨も取り上げられている。しかし、首の骨の一部（第1頸椎と第2頸椎）と頭の骨（頭蓋骨）だけが、見つかっていない。この場合、首から上の骨だけが早く腐るということは考え

られないため、甕棺の中にこの部分だけが納められなかったということになる。

この男性を調査した人類学者の分部哲秋さんは、この個体の右鎖骨（内側後面の一部）と右橈骨（骨幹中央よりやや遠位に近い部分）に傷があり、これらは比較的小さく鋭利な金属器でつけられたものであるとの指摘をしている。

すなわち、この人物は、筋肉とそのすぐ近くにある太い血管にも損傷を受け、最後に首を切られて絶命し、首のない状態で甕棺の中に埋葬されたと考えられるのである。

首のない遺体…。考えただけでも不気味だが、こうした人骨は、弥生時代には比較的多く確認されている。

2．人骨が残る場所—砂丘にある人骨たち—

風葬や散骨、樹木葬など、埋葬形態が多様化しつつある現代だが、21世紀に暮らす私たちの多くは、死を迎えた場合、遺体を火葬して骨壺に入れ、墓に納めている。そのため、火葬場で親族の骨を拾う場合などを除き、人骨にお目にかかることはほとんどないし、その結果、大半の人は、「人の骨」を日常的ではないものと考えているだろう。そして、人骨はおどろおどろしい感情や、ひいては恐怖心を抱かせるものとみなしている。

だが、人骨は過去に生活していた人間そのものであり、ゆえに、昔を雄弁に語り、さまざまな情報を私たちに与えてくれることもまた事実である。

では、人骨が見つかりやすい遺跡とはどんな遺跡なのだろう。弥

生時代の甕棺もその一つだが、ここでは、砂丘に立地する遺跡を中心に、人骨の出土状況について考えてみよう。

　河豚の水揚げで知られる山口県下関市の中心部から、車で北へ30 km。晴天の日数こそ少ないものの、そこにはおだやかでのんびりした時間が流れている。

　ここは山口県でも有数の海水浴場、土井ヶ浜である。響灘に面した砂丘にはこの他にも弥生時代に相当する共同墓地が確認されており、人骨がたくさん出土している。そして、こうした弥生時代の共同墓地の一つが土井ヶ浜遺跡である。

　土井ヶ浜の砂丘に堆積している層を確認すると、この遺跡の時期は大きく弥生時代前期と中期の2時期に分けることができ、墓地としての造営は前期後半には始まっていたことがわかっている。

　砂丘から出土する人骨は、先に述べたように、残存状態が良い。その理由は、土壌の粒度が細かい砂で、水はけがよいためだ。

　海の近くで暮らした土井ヶ浜の人びとの中には、遠く西の海の彼方を見つめるような向き、すなわち遺体の多くが頭位を東南にとり、西北に海を臨むように埋められているものもある。そんな彼らの顔立ちは、平均値からみれば、北部九州の集団とはやや様相を異にしているものの渡来系弥生人そのもの。要するに、のっぺりと平たい顔をしているのである。

　土井ヶ浜遺跡の直上には、下関市立の土井ヶ浜遺跡・人類学ミュージアムが建てられている。遺跡のまさにその場に博物館がたっているため、訪問者は、ここで弥生時代に思いをはせることができるのである。

図4 砂丘に囲まれた墓地に眠る山口県土井ヶ浜遺跡の人びと（博物館内の遺構復元展示室土井ヶ浜遺跡・人類学ミュージアム提供）

図5 土井ヶ浜遺跡の復元された人骨埋葬状況（土井ヶ浜遺跡・人類学ミュージアム提供）

この遺跡の発掘調査は、1953年から2000年まで数回、九州大学や下関市教育委員会などのよって実施され、これまで約160基の埋葬遺構から約300体の人骨（弥生時代前期中葉から中期後葉）が出土している。

　また東西約160ｍ、南北約70ｍの大きさを誇る遺跡は東・西・北の3区に分けられ、これらは共同体ごとに分かれていたとも考えられている。

　このなかでも遺跡の中央部に位置する溝を境として東西に分けられた二つの区においては、その埋葬個体からさまざまな考察ができる。たとえば、犬歯を抜歯している個体の場合、副葬品が伴うことが多く、その傾向は特に女性で強く、考古学者の春成秀爾さんは、どこの歯を抜くかによって渡来系かそうでないかをみることができるとしている。

　また、同じく考古学者の山田康弘さんは、東区では抜歯系統によって埋葬地点がさらに区分されていたとしている。

　さらに、この遺跡の発掘調査に長く関わった研究者の一人である乗安和二三さんは、土井ヶ浜遺跡ならではの特性について次のように語っている。

　すなわち、この遺跡の埋葬形態は、総じて土壙が多いが、四隅に石を配する四隅配石墓や箱式石棺・集骨などの埋葬も確認されており、甕棺埋葬が際立つ北部九州集団とは様相を異にしていることなどが再認識できるのである。また、出土する未成人個体の総数が全体の20％と低めであり、この共同墓地が基本的には成人用のものとも考察しているのである。

貝の研究者である木下尚子さんは、土井ヶ浜遺跡から出土している南方製の貝製品に注目し、南方の地域との交流について語るとともに、弥生時代になると子供用の装身具が確認できることを指摘している。

　すなわち、子どもの場合は、ハイガイやタマキガイなどの二枚貝製の貝輪を伴うが、他の成人個体ではゴホウラやサルボウで作られた貝輪を伴うという違いが確認できるのである。これについては第4章でさらにとりあげたいと思う。

　このように、典型的な渡来系弥生人の様相を示す土井ヶ浜遺跡の人びとは、弥生時代の生活や社会様相を考えるうえで、重要な資料の一つとされてきた。

　また、この遺跡の博物館を見学されたことがある方はお気づきかもしれないが、現在、博物館で展示されている人骨はすべて複製（レプリカ）である。レプリカの作成には費用がかさむのだが、前館長である松下孝幸さんの理念で、この遺跡では特別な場合を除き、人骨の実物は展示されない。

　というのは、人骨は壊れやすいものであり、取扱いには本当に注意が必要だからであることが理由の一つである。

　すなわちどんなに注意しても展示や計測等の作業の際に、人骨の思わぬ箇所が、少しずつ、小さく破損していくことが多い。そのため、展示などには、可能な限りレプリカを作成し、それで対応していくことも必要となる。精巧に作られたレプリカは本物と見比べてもまったく遜色がない。

　また、不特定多数の人が集まる博物館の場合、本物の人骨が展示

されているということが目玉になる場合があるが、逆にそれを嫌がる人もいるだろう。

このように土井ヶ浜遺跡では約250年間で300人の埋葬が行われている。

3．少し西に足をのばすと……

島根県庁がある松江市から北へ10km穏やかな東雲漁港の西の海岸砂丘上に古浦(こうら)遺跡はある。現在この地を訪問すると、砂地の一角に遺跡が立地していたことを示す看板が残るのみである。

ここからは、約40基からなる埋葬遺構と約50体の人骨が出土している。古浦遺跡の発掘調査は、1948年以来、数回にわたって実施され、出土人骨の中には弥生時代前期に相当するものも見つかっている。人骨は、南北20.6m、東西10.6mの範囲から出土し、土井ヶ浜遺跡から出土している人骨同様、遺存・保存状態はすこぶる良好である。

形態的特徴から古浦集団が、渡来人の様相を呈しているのは明らかである。しかし人類学者の中橋孝博さんは、頭蓋骨に見られる特徴からは、顔面の扁平性が強い高顔タイプであり、北部九州の集団とは様相を異にしており、先に述べた土井ヶ浜集団と似ていることを指摘している。

副葬品としては、南方産の貝で製作された製品が伴うものが目立ち、古浦集団とそこから遠く離れた地域との交流の一端を見ることもできる。

遺跡の中でも弥生時代中期や古墳時代のものは、被葬者である人

図6　砂丘に見つかった島根県古浦遺跡

骨が散漫に分布しており、頭位は北西を示すものが多くなっているが、弥生時代前期に相当する被葬者の頭位は、南東を中心としたものであり、整然とした埋葬状況がみてとれる。

　この遺跡の被葬者は山田康弘さんが指摘するように男性と女性とで区分されており、さらに成人と未成人の埋葬に分けられている一群があるのが特徴である。埋葬姿勢はこの時期に相当する個体の場合、仰臥屈葬が基本となっている。

　また、この遺跡の報告書執筆者の一人である人類学者の藤田等さんは、砂丘の形成活動が活発な時期における埋葬であるにも関わらずこのように一定の距離を保ち整然と埋葬されているのは、死亡時期が時間的に集中した可能性が高いからと考えている。

　さらに出土人骨からは、殺傷痕や感染症に関する所見は観察でき

ていないが、彼らが一時期に集中して埋葬されたならば、今後、死亡に至るための要因を多方面から考察していく必要もあるだろう。

　骨病変として観察される所見については後述するが、食性変化に伴う所見の出現頻度等が高くなるという「弥生的」な様相は確認できていない。

　さらに生業活動とも関係があるとされる上肢骨における骨関節症の出現頻度にもこうした傾向が見て取れる。すなわち古浦集団においては、縄文時代に類する結果が得られており、弥生集団ならではの特性を見て取ることはできないのである。

4．骨はたまたま見つかる―東京観音の下で見つかった骨―

　普通に生活していると、人の骨を目にすることはない。しかしこの本をここまで読んでくださった方は、おびただしい数の人骨が日本のあちこちに埋まっていることをもうご存じのはずだ。講義を聴いてくれている学生から時折、「人骨はどんなところから出るのですか？」という質問をされることがあり、「あらゆるところから出ます」と答えている。

　実際、マンションを建てる前にその下から骨が出てくることなどがあり、散歩していてたまたま発見なんてこともないわけではない。そして、いま私が暮らす千葉のとある町から車で少しいったところからも骨はひょっこり出てきている。

　東京湾を一望する白亜の観音像、東京湾観音（高さ56m）は美しい。東京湾観音は、房総でも有名な観光名所の一つで、材木業で一旗揚げた実業家宇佐美政衛が1961（昭和36）年に私財をなげうっ

て、彫刻家長谷川昴さんの作品を建立したものである。

　観音像の下には、砂浜が広がっており、ジョギングにも適した本当に気持ちの良い場所である。ある朝、犬の散歩のため、砂浜を歩いていた男性が、ここでありえないものを見つけた。それが人の骨であった。砂の中から顔を出した頭蓋骨。男性には朝からお気の毒なことだったが出てきてしまったのである。

　依頼人は警察署で海辺の砂地から出てきた人骨が、いつの時代のものかみてほしいというのだ。それは、この人骨の方がお亡くなりになってここ10年ほどの骨なら、事件性があるため、鑑識に回す必要があるからである。急いだ様子だったので、日程を調整して、急いで、人骨を鑑定するため、警察署に足を運んだ。

図7　人骨出土の海岸から東京湾観音を望む（矢印の地点が人骨が出土した場所）

ビニル袋に砂付きの状態で入っていた骨は頭蓋骨の一部であった。砂地に埋まっていたため保存状態は良い。砂を除去し、クリーニングを進めると、次第にきれいになっていく。大人の骨である。

　骨がいつの時代のものかを調べるのは実は意外と大変である。そのため、遺構との関係があいまいな場合は、年代測定をするのが普通だ。その場合には、人骨の一部を採取し、放射性炭素年代測定法で、その年代を調べる。

　日本列島で出土している旧石器時代のものとされる人骨は近年、この方法で年代を出すようになってきている。その結果、中には中世のものと判明した資料もあった。

　だが、今回の人骨では、予算と時間の問題があって、年代測定ができず、ともかく簡易にみてほしいといわれたのである。

　そしてこのような場合にはどうするかというと、この人物の生前の様相を探ることから始まる。すなわち、最近亡くなった、成人以上の人骨の場合は、医者にかかった形跡をまず調べる。たとえば、虫歯の治療など何らかの治療痕がみられるはずである。しかし、今回の人骨にはこうした痕跡はまったく見当たらなかった。また、加齢によるものとは異なる著しい歯のすり減りが認められたのである。

　さらに、この人骨が出土した砂地のすぐ横には近世墓地や古墳時代の横穴があったということがわかっている。このため、今回の人骨は、少なくとも、ここ10数年の間で亡くなった人ではなく、江戸時代以前の人骨が偶然に顔を出したものと結論づけた。

　関東地方は土壌が火山灰質であるため、再葬墓を除くと、これま

でほとんど弥生時代の人骨は見つかっていないのだが、条件さえそろえば、関東地方の遺跡からも、ひょんなことから人骨が出土するかもしれない。

5．やってきた人たち

　新町遺跡から出土している人たちは縄文系の顔立ちをしているので初期の弥生人は「弥生的」ではないが、弥生時代中期においてはどうだろうか。

　少し考えてみればわかることが、みな「弥生的」になっているかというとそうでもない。中期の甕棺に埋葬されている人びとの顔立ちをみると、それが必ずしも一様ではないことに気づく。

　たとえば、甕棺を中心とした墓地遺跡として有名な福岡県福岡市の金隈(かねのくま)遺跡（前期末から中期）では、本当にさまざまな形態の人骨が出土している。すなわち、「えっ！　こんな人が…」と思ってしまうような低顔の縄文的な人がいれば、縦に細長い顔（高顔）のいわゆる弥生人もそこには埋葬されているのである。そこからは、これらの人骨が同じ遺跡から出土したものだろうかと思ってしまうほど、さまざまな形態をもつ人びとが認識できるのである（図8）。

　日本人は単一民族だとよくいわれる。しかし、DNA分析すると、実は、そこには遺伝子が入り混じっており、北や南などのさまざまな地域からやってきたホモ・サピエンスが住み着き、混じりあった結果、現在の日本人になったことがわかる。

　前述したように、大陸と近い位置にある北部九州は、古くから人の行き来があった地域だ。そして外からやってきた異なる容貌、異

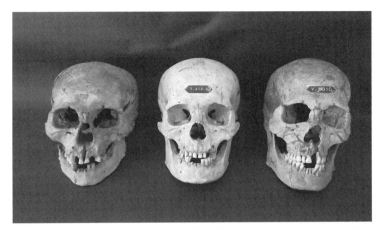

図8 弥生時代に生きたさまざまな顔面形態を持つ人びと。左から低顔・中顔・高顔(九州大学総合研究博物館収蔵)

なる言語、異なる文化を持った彼らに対して、在来の人びとは畏敬の念を抱いたのかもしれない。

考古学者の佐原真さんは、弥生時代を下記の三つの構成要素からなると規定している。

　1．縄文文化の伝統を受け継ぐもの
　2．大陸からもたらされたもの
　3．弥生文化の中で固有に生じたもの

そして在来系弥生人は彼らの慣習を、渡来系渡来人は彼らの慣習を持っていたはずである。そのためこれら二つはすぐに混じりあうことはなく、緩やかに時間をかけて少しずつ混じりあっていったと考えられるのである。

それは考古学者の田中良之さんが指摘するように、縄文晩期にお

ける韓半島と北部九州を中心とした西日本の地域が母系制でも父系制でもない双系制であり、双方が共存し婚姻することが可能な社会であったことにもよるのであろう。すなわち、両者は混じりやすい状況にあったことが幸いしていたと考えられるのである。

こうした緩やかな融合ができた地域では、文化もより成熟したものが生み出される。しかし、それがうまくいかなかった場合、摩擦が生まれ、「戦い」が生じたとも考えられるのである。ただし、「戦い」の痕跡にも、地域差や時期差があるように、その様相は複雑である。

また、この「戦い」は在来系弥生人と渡来系弥生人のみではなく、渡来系弥生人と渡来系弥生人の間にもあったのではないだろうかとも考えられるのである。

では次に、その一方をなす渡来系の人びとが一体どこからきたのかを考えてみたいと思う。

6．どこからやってきたのか？

私たち日本人のルーツに関しては、江戸時代に長崎オランダ商館に医師として派遣されたシーボルトがアイヌ説（倭人の前に日本列島に居住していた人びとの存在からこれを日本人全体の起源とする説）を提示して以来、さまざまな学説が示されてきた。

現在の有力な学説では、人骨の形質が大きくかわる弥生時代に大陸から渡来し移住した人びとが、日本列島にもともと住んでいた人たちと混じり合って、今の日本人になったと考えられている。では、渡来人のルーツはどこなのだろうか。

人類学者の小片丘彦さんは、いわゆる渡来系弥生人と韓半島南部の礼安里遺跡出土の形質が類似していることから、渡来人は北部九州にもっとも近い釜山付近からやってきたと考えた。しかし、最近ではこのほかにも、複数の候補地があがってきている。

　たとえば、人類学者の松下孝幸さんは、中国大陸から人びとが渡来してきた可能性を指摘している。顔面頭蓋の形態的特徴などから分析をすると、北部九州や土井ヶ浜集団のルーツは大陸にあるとみなされ、西北九州や南西九州の集団とは異なっている。

　すなわち、弥生時代の山口県土井ヶ浜遺跡の出土人骨の観察をもとに、その形態的特徴は中国山東省（青海省大通県上孫家寨遺跡出土例を含め）出土の漢代の人骨に似ていることが明らかにされている。そのため、漢の滅亡後、亡命者として日本にやってきた人びとが日本列島の人びとと混じり合ったと推測しているのである。

　このほか、人類学者の山口敏さんおよび中橋孝博さんの研究チームは、福岡県金隈遺跡出土の人骨の故地を中国江南高・江淮としている。これはこの地域の春秋〜前漢期における人骨と北部九州の人骨の形態的特徴が類似することから指摘されていることである。

　このように大陸からの人びとの流入状況は、地域によっても異なっていたようである。

　たとえば、北部九州の中でも福岡平野や山口県の日本海側などでは、弥生時代の前期末以降になると、人骨に大陸的な様相がしばしば見られるようになり、島根県の日本海側の一部地域においても同様の現象がみられる。

　これに対し、鹿児島県の廣田(ひろた)遺跡をはじめとする、いわゆる南西

諸島地域では、人骨に大陸的な様相が確認することが難しい。

さらに兵庫県新方遺跡など近畿地方の出土人骨においても、低顔の縄文的な様相が色濃く残っており、さまざまな地域からやってきた渡来人の拡散には地域差と時期差があることもわかってきた。

このように、最近の人骨の形態的特徴から見た研究によって、渡来系弥生人の故地が、韓国南部のみならず、中国山東省から長江下流域をも含めた広い地域であると考えられるようになってきた。そして、こうした渡来人の日本列島への流入は、以後長く続くのである。

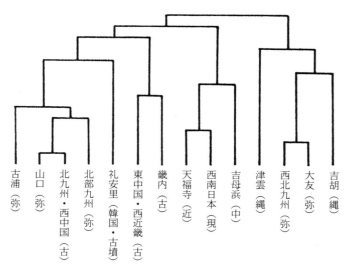

図9 形態的特徴によって分類される人骨集団（中橋 2005をもとに改変）
縄：縄文時代／弥：弥生時代／古：古墳時代／中：中世／近：近世／現：現代

7．DNAと形態の話

2003年にヒトゲノムの完全な配列決定が宣言され、ヒトの遺伝子についての研究は大きく進展している。

すなわちヒトゲノム（人が持つ遺伝子全体のこと）の塩基配列は血縁関係にない人でも約99.9％が同じであり、残りの0.1％程度に個人間での多様性が生じ、その一部が病気の発症リスクなどの個人差に関係することが提示されている。

またゲノムの塩基配列は、個々人によってそれぞれ異なるため、個体識別が可能であり、こうした解析結果は、犯罪捜査や身元不明調査等に貢献している。

さらにこのヒトゲノムの多様性が生じているパターンを認識することは、さまざまな疾病の発症原因の解明や、新たな治療法の開発などにつながると考えられているのである。しかし人の遺伝子についてはまだまだ謎が多く、不明な点は多い。

遺伝子は、親子が似ているといった遺伝現象を説明するために使われてきた言葉である。すなわち一つの生物には複数の遺伝形質を伝える因子である遺伝子が存在し、その中にはデオキシリボ核酸という遺伝情報を載せた物質であるDNAも含まれ、これらを含めてゲノムと呼んでいるのである。

そして、改めて言うまでもないだろうが、かつて生物学者のメンデルが提示したように、遺伝現象は単純なものではなく、親から子へと遺伝されるものがあれば、遺伝されないものもある。

しかし染色体上で近隣に並んでいる遺伝子は親から子へと受け継がれるため、この1本の染色体上における複数の遺伝子多型、すな

わちハプロタイプを調べることによって血縁関係を把握できるのである。

またこうした遺伝情報を載せたDNAは、細胞核とミトコンドリアの中に存在しており、ここからDNAをとりだして解析することができれば、過去の人びとの特性を把握することが可能となる。

しかし、この核DNAからDNAをとりだすことは極めて困難であり、古人骨における遺伝情報を解析するには、現段階では、ミトコンドリアDNAを使って調査が進められている。

遺伝人類学者の太田博樹さんは、佐賀県神埼市の詫田西分(たくたにしぶん)遺跡から出土した人骨のミトコンドリアDNAを分析し、次のような指摘をしている。

この遺跡は弥生時代中期のもので、出土した35体の人骨のうち、甕棺埋葬によるものが9体、土壙埋葬によるものが17体となっている。分析結果からは、甕棺墓ではミトコンドリアDNAの塩基配列に多様性が低く、土壙墓では多様性が高いという指摘がなされている。すなわち、二つの埋葬形態では遺伝的背景が異なっていると推測されるのである。

また福岡県隈(くま)・西小田(にしおだ)遺跡では、区画墓(区画を有す墳墓のこと)埋葬における個体のほうが列状に埋葬された墓群における個体よりも、DNA塩基配列に多様性が高いことも分析により明らかにされている。そのため、区画墓に埋葬されている被葬者のほうが通婚圏は広いと推測されるのである。

遺伝人類学者の篠田謙一によれば、居住地域がある程度限定された集団においてはハプロタイプのバリエーションが少ないことが指

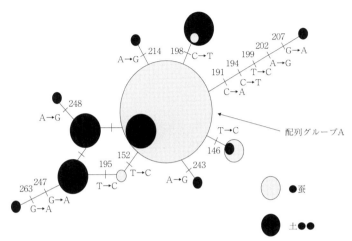

図10 佐賀県詫田西分遺跡から出土した人骨のミトコンドリアDNA分析。(太田 1998) 甕棺埋葬出土人骨ではミトコンドリアDNA塩基配列の多様性が低く、土壙墓埋葬の個体では多様性が高くなっている。

摘されている。そしてこれは外部からの人の移動が少ないことによって生じたと考えられるのである。

また、このような人の移動が少ない地域とそうでない地域では、感染症に罹患しやすい確率は変わるし、結果として骨疾患として提示される所見の出現頻度も異なってくるとみなされる。

さらに低顔(彫が深く、縦に顔が短い)や高顔(彫りが浅く、縦に顔が長い)といった顔面形態の特徴と遺伝との関係がある程度かかわりがあると考えるならば、すなわち顔面頭蓋の形態が遺伝的様相を示唆すると仮定した場合、各地域における様相には地域差が顕著となるであろう。

しかし、現在までのところ、実際には、顔面の形態的特徴については、遺伝によるものか、環境によるものなのか、いまだによくわかっていないところもある。これは、遺伝による特性が集団によって異なることや、環境の変化によって、遺伝による特性が曖昧になっていくことなどが指摘されていることにもよる。すなわち、2人が似た顔立ちだからといって、その人たちの遺伝子が同じということにはならないのである。

こうした状況を踏まえたうえで今後は、個々人の形態と遺伝との相関を把握するためには多角的な検討・考察が不可欠となる。

つまり、過去の社会を生きた人びとそのものである古人骨に対しては、肉眼観察によるマクロなアプローチと、DNA解析などのミクロなアプローチの双方を併用していく必要がある。

8．渡来人を受け入れた地域

転勤サラリーマンに人気のある街として福岡市がよくあがる。私もかつて、縁もゆかりもないこの町に数年暮らしたことがあるが、その暮らしは快適であった。のんびりしていたわけではないが、1年後東京に戻ると人の多さとあわただしさで大変つかれたのを覚えている。この町について某大手メーカーのデータが次のように分析している。

1．そこそこ都会で自然も多い。
2．食べ物がおいしい
3．気候が温暖である
4．よそ者を容易に受け入れてくれる

第1章 弥生人とはどんな人達だったのか？ 27

そのため、たとえ単身赴任で初めてこの地に足を踏み入れたとしても、土地になじむのにはそれほど時間がかからないのである。そして、こうした状況はある意味、数千年前から変わっていないのかも知れないと感じたりもした。日本列島でいち早く渡来人を受け入れることが可能であった様相の一端は、よそ者を容易に受け入れる、という点にもあったのではないかと。

考古学者の田中良之さんは列島内に大陸からやってきた渡来人を受け入れるためには、渡来人と縄文人の双方に排他性が希薄でなければならないと述べている。すなわち移動してきた者と受け入れる側の両方において、明確な規制がなく、緩い状態でなければならないというのである。

こうした状況が縄文晩期における韓半島南部の伽耶地域と北部九州であったことが田中さんによる歯冠計測値（歯の白い部分をさまざまな方向から計測した値のこと）を用いた親族関係分析によって確認されている。すなわち、北部九州と韓半島南部の両地域は母系制でも父系制でもない双系制であったことが示されているのである。そしてこれは成人個体と未成人個体の埋葬にも表れている。

筑紫野市や小郡市一帯出土の弥生人の場合は、縄文人と形質的に遠い位置にあるが、土井ヶ浜弥生人ともやや異なる渡来系の特徴を持っており、甕棺に埋葬されている弥生人の中にも少し地域差が確認されている。たとえば福岡県筑紫野市に位置する永岡(ながおか)遺跡を見てみよう。

この遺跡は弥生時代前期末〜中期前における墓地で、列ごとに性別区分されている二列埋葬となっている。この男女間に血縁関係が

あると推測されるが、こうした埋葬には小児棺が男性女性のいずれかにかたよることなく、男性および女性の成人棺にまんべんなく伴っている。すなわち埋葬からみると母系制でも父系制でもない双系制であることがわかるのである。

ところで初期のコメ作りは誰が実施したかというと、それは渡来人であり、縄文人でもあると考えたい。コメ作りという新しい生産形態が大陸からもたらされたのは確かであるが、その担い手は渡来人と在来人のいずれもであり、両者が協力して作業を進めていったと考えられるからである。

そして、両者の集団は、衝突することなく、穏やかに混じり合っていったと推定されるのである。

たとえば、縄文時代後期に相当する福岡県山鹿(やまが)貝塚の人たちの中には、すでに渡来的な形態を保持している人たちが認められるし、早期に相当する支石墓埋葬の新町遺跡の人たちは、在来系弥生人である。また、韓半島南部に位置する東三洞貝塚では大量の縄文土器と九州産の黒曜石が出土している。この地域では漁撈や狩猟に適した黒曜石が採れないため、黒曜石を持つ列島内の在来の人びとと交流していたと考えられているのである。

考古学者の家根(やね)祥多さんは、福岡県糸島市曲(まが)り田遺跡では、朝鮮系の無文土器の甕が30％、縄文土器の深鉢が60％という比率で出土していることから、新たに渡来した人たちは、縄文人と同じ集落に住み、村の住民の三人に一人は渡来人だったと考えている。

すなわち弥生土器は朝鮮半島の無文土器の系譜をひいており、無文土器を作る人びとがコメ作りを携えて渡来したわけだが、それは

縄文時代の終わり頃から始まっていたということになる。そのため、大陸と北部九州の交流は比較的早い段階から始まっており、一時の大量渡来の様相は観察されないのである。

縄文土器は基本的に粘土紐の積み上げ接合が内傾であるのに対して弥生土器では外傾接合となっている。しかし韓半島の無文土器の影響を受けている遠賀川式土器（西日本における弥生時代前期の土器のこと）などでは、基本的に外傾接合により土器を作っているが内傾接合によるものも残留している。

このように遺跡から出土する土器をみても、考古学者の橋口達也さんなどが述べているように、縄文時代から弥生時代への移行期にかけての土器をはじめとする文化には連続性があり、この時期に相当する韓半島製とされる遺物は極めて少ないのである。

突帯文土器（縄文晩期から弥生早期にかけて西日本一帯に分布する）やこれに類する土器はさまざまな地域に拡散している。すなわち、韓半島南部（慶尚南道）に位置する無文土器中期に相当する馬山網谷里遺跡からは、北部九州の弥生早期に相当する外傾接合による突帯文土器に類する資料が出土している。考古学者の片岡宏二さんは、これらの資料がいわゆる突帯文土器とは異なり、外傾接合によること、底部形状が異なること、さらにその胎土が無文土器の色調を呈していることから、突帯文土器を模倣した在地の土器とみている。このように列島から半島へという流れも緩やかに少しずつ変化していった様子が考察できるのである。

では人骨で見ると渡来系と在来系の融合はどのように進んだのだろうか。ちなみに弥生時代中期には在来系とされる形質を保持して

いる人骨は、福岡県福岡市金隈遺跡などでは全体の 10〜20% 程度である。そのため大量の渡来説が提唱されていたのが、人口増加モデルの数値的実験を実施するとそうではないことがわかる。

　すなわち、人類学者の中橋孝博さんによれば、縄文時代から弥生時代への移行期に北部九州にやってきた渡来人が少数であったとしても、在来系との緩やかな形質の融合により 300 年後には渡来系人口が 80% という結果が記されているのである。

　このように、排他的な要素が薄く、地の利にすぐれた北部九州と韓半島においては渡来人を受け入れやすく、お互いの交流も古くから盛んであったことがさまざまな資料から確認できる。また、山陰地域においても渡来系の形質を保持している集団が確認されているが、それより東の地域では、こうした傾向は確認できていないのが現状である。

第2章　弥生の社会をみてみると

1．環濠集落の登場

　弥生時代になると、平野を見下ろす台地上に、十数棟の家屋とその周囲に幅広い環濠をめぐらした集落形態（金関 1986）、すなわち環濠集落が形成されるようになる。

　大陸からもたらされた新しいこの集落の形態について、考古学者の佐原真さんは、その防御性を指摘し、高地性集落と共に、弥生時代の戦争を語るための有力な資料としてきた。

　しかし、大陸からコメ作りと共にもたらされたこの集落の様相は、少なくとも弥生中期初頭までの時期においては、私たちがイメージするものとは異なっていたようである。

　すなわち、防御のためとされる環濠が遺跡の周りをぐるりと回っていなかったり、環濠が確認されていても中に住居址が確認されなかったりしているのである。このため、考古学者の藤原哲さんは、弥生中期初頭までの環濠集落をかなり特殊な集落形態と位置づけ、貯蔵穴に環濠がめぐるという形態の方が一般的とみているのである。

　また藤原さんは、環濠が全周し、中に住居が確認できる確実な環濠集落がまとまって見つかっているのは、瀬戸内地域の東部から近畿地方にかけてであることや、この地域の環濠が北部九州や山陰の

ように台地に立地してV字溝をめぐらすものとは異なり、低地に所在し、溝の断面形態がU字溝であることをも指摘している。

こうしたことから、環濠があっても、低地に立地する場合には、防御性は決して高いとは言えず、環濠の用途そのものが異なっていた可能性も考えられるのである。

考古学者の寺澤薫さんも防御性にはやや批判的である。たとえば弥生時代早期に相当する福岡県福岡市の板付遺跡ではまず、台地全体（370m×170m）を囲む外壕が造られ、弥生時代前期（板付Ⅰ式期）になると内壕（110m×81m）が掘られている。この場合の環濠を寺澤さんは、防御機能ではなく、特定の階層の人びととそれ以外の人びとを区分し、ムラにおける団結力の維持・強化のためとも考えているのである。

さらに前期後半になると瀬戸内東部に分布していたこの集落形態は、やがて近畿地方に広がり、東海地方を経由し、利根川以南の関東南部へと広がっていく。

このほか、群馬県など、北関東の一部や北陸地方の一部でもこうした集落形態は確認されているが、その他の地域では少なく、その分布は全体的に、特異な様相を呈している。

2．地盤をみるということ

5月になると、わが家には、ツバメが巣をつくりにやってくる。毎年のことだが、彼らはどうも新築の巣でないとだめなようで、やってくる親鳥たちは、去年からある巣には見向きもせず、毎年、一から巣をつくっている。

第2章　弥生の社会をみてみると　33

　巣作りの前には、状況確認に数回通い、蛇が来ないか、カラスが来ないかなど、いろいろな条件をチェックしてから、巣を作りはじめているようだ。そこで漠然とこんなことを考えた。
　すなわち私たち人間は、マイホームを購入するにあたって、一体何を重視しているのだろうか、と。多くの人の場合、マイホームを買うのは一生に一度の大きな買い物だ。
　第一に、おそらく地価を含めたお値段。続いて、同じくらい大切なのが、通勤・通学時間や周囲の環境（騒音がないかなど）といったところだろうか。だが、せっかく本書を手にとってくださった皆さんには、できれば、もう一つチェック事項を増やしていただきたいと思う。それは過去の土地利用とその土地の地盤である。
　すなわち、自分がこれから住む家が建つ土地は、以前どのような状態であったのか、ということである。畑だったのか田んぼだったのか、あるいは山林か河川敷かを切り開いて宅地としたのか…、といったことを調べてもらいたいのである。そして、もし可能なら、もう一歩進めて、近くの図書館や博物館に足を運び、その地域の遺跡地図や古地図などを見て、過去の土地利用をも確認していただきたいのである。
　たとえば東京の場合には、縄文海進から江戸時代に実施された埋め立て、そして東京オリンピック時に大きな変貌を遂げている。すなわち、かつて都内には多くの河川が入り組むように走っていたのだが、これらの多くは今では道路になってしまっているのである。また、遺跡地図に目を通すと、そこにはかつてどのような遺跡があったのかがわかる。宅地の造成に当たっては、残念ながら遺跡を壊し

て実施される場合も少なくなく、考古学を学ぶ者の立場では、本当は、その破壊には反対しないといけない。しかし、すでに遺跡が破壊されてしまって、そこが皆さんの家になる場合、あるいはすでに宅地になっている場合は、仕方がないだろう。そしてその場合には、それがどのような遺跡だったのかを、ぜひ調べていただきたいのである。

　たとえば、もともとは河川や田んぼだったところ、さらには田んぼになる前には湖や沼だったところに造成された宅地の場合は、注意が必要である。こうした場所では残念ながら地盤がしっかりしていないため、後々問題が生じることが多い。たとえば、東日本大震災クラスの地震が起きた場合には、土地が液状化したり、場合によっては家が傾く可能性もあるのである。

　また、高台の造成地であっても、入り組んだ谷状地形の場合には、土地の高い部分を削って、谷の部分にその土を入れ、平らにならして住宅地としているケースも少なくない。このような場合、削られた方では地盤がしっかりしているが、谷を埋めた方では地盤がかなり軟弱になっている。その結果、同じ住宅地にもかかわらず、通り１本隔てただけなのに、地震の後の被害がまったく違う…といったことも起きてしまう。

　もちろん、きちんと地盤改良が行われていれば、こんな心配はないのだが、実際には、造成以前の元の土地の状況までは業者はきちんと説明してくれないし、業者の方もそこまでの情報をもっていない場合が多いのである。もっとも遺跡を壊すことに心が痛まないわけではないが、今の私たちも生活していかなければならない。安全

で硬い地盤を古代人に聞き、自らも学んで、家を建てるようにしたいものである。そのため、家を建てる際には、交通の利便性ももちろんだが、まず現地で、そのあたりの地形を自分の目でしっかりと見て、そこが谷なのか山なのか、あるいはどの程度の改良が行われているのかを確かめておく必要がある。

3．墓から社会を見る—北部九州の場合—

弥生時代の墓についても触れつつここまで話を進めてきたが、そこから弥生社会をどれだけ考察できたであろうか。

考古学者であるイアン・ホッダーさんは、墓には当時の社会構造がすべて反映されているとは限らないとしているし、その一方で、墓には被葬者の社会的位置づけをはじめとするさまざまな要素が反映され、そこから読み取れる事柄も少なくないとも述べているのである。20世紀の日本社会は父系制であった。結婚により女性は、父方の姓を継承し、その関係性を強め、男性は親の面倒を一手にひきうける経済力を持つことが期待されていた。こうしたことと相まって、女性の社会進出は進みづらかったのが前世紀までの状況といえるだろう。

そしてこうした価値観は、今、大きく変わりつつあるのかもしれない。だが、かつての日本が、実は確固たる父系制の社会ではなかったことを知る人はそれほど多くない。

たとえば、縄文後期に相当する福岡県山鹿貝塚から出土している人骨を見てみよう。この遺跡では、女性の人骨が子どもを伴っている場合が多い。これに対し、弥生時代中期以降になると男性の人骨

に子どもの骨が伴うケースが目立つようになる。これだけをみると、縄文時代の母系制が、あるいは双系性であったものが父系制に少しずつ変わっていったようにも見えるのである。

では、弥生時代の墓は、どのようなものだったのだろうか。甕棺については先述したが、弥生時代になると、穴を掘ってそこに人をそのまま埋める土壙埋葬のほかに、木棺埋葬や、石棺に支石墓を伴う場合など、さまざまな形態のものがみられるようになる。こうした墓の多くは大陸の影響を受け、日本列島内で発展していったものだが、その分布にはいずれも偏りがある。

たとえば、基礎となる支石を数個、埋葬地を囲うように並べ、その上に巨大な天井石を載せる支石墓は、韓半島にもみられる弥生時代初頭の墓制であるが、その分布は北部九州や四国の一部などにほぼ限られている。

一方、当初は支石墓に伴って使われていた木棺が、北部九州から近畿・伊勢湾沿岸へと広がり、やはり支石墓に伴っていた石棺は、北部九州から瀬戸内海沿岸へと広がっていくが、北部九州では弥生前期末以降、甕棺が用いられるようになるのである。

甕棺埋葬にみられるさまざまな要素から、社会の階層化の様子が見てとれることは前に述べたとおりである。そして、考古学者の溝口孝司さんは、区画墓・墳丘墓や列埋葬墓など弥生時代になってから出現し、それが盛行した弥生時代中期前半から中頃では、階層の分化が流動的であったことを指摘している。すなわち、墓地の造営にあたっても、首長らによる規制が働いたため、決められた一定の範囲内に墓地を造らざるを得なかったのではないかと指摘されてい

る。

　また中には、甕棺がその墓道の両側に配される形で、列状に並んでいる列埋葬の場合もある。これらは当初、血縁関係をもつ人びとが甕棺群を形づくっていたと考えられるが、考古学者の橋口達也さんは、こうした列を構成していた埋葬小群が前期から中期にかけて盛行していたものの、社会の階層化が進むにつれ、後期になると衰退していったとみられているのである。このような階層差の進展は、ほかの遺跡でも見てとることができる。

　たとえば特別な遺物を埋葬する遺跡の例をみておこう。弥生時代中期後半に相当する福岡市春日市の須玖岡本遺跡D地点や糸島市の三雲南小路遺跡1号墓・2号墓では、数十枚の中国鏡を副葬する墳丘墓も確認されている。副葬される金属器が鏡であるか、武器であるかによって意味するものも変わってくるだろうが、柳田康雄氏が指摘するように前期末から中期初頭に開始される金属製品を持つ意味の大きさを示しているといえよう。

　すなわち、この時期において中国鏡を大量に副葬した墓は、当時においてかなりのハイクラスの人物であった可能性が当然のことながら指摘されているし、福岡県糸島市における弥生後期後半の平原1号墓のように、中にはかなり大きな墓を形成しているものもある。この遺跡は、大量の鏡の副葬で知られるが、やはり独立した墓域を形成している。

　すなわち、金属製品を副葬した弥生時代の墓は、いずれも大きく特別な墓域を形づくっており、権力の象徴ともいえるのは言うまでもないことであろう。

また、考古学者の北條芳隆さんは、墳丘墓に埋葬された副葬品を例に、次のように説明する。たとえば、佐賀県吉野ヶ里遺跡などでは、数世代にわたって細形銅剣を中心とした副葬品が墓の中に納められており、そこには共同体の側からの強い規制が働いていたと考えられるのである（北條 1999）。すなわち、副葬という行為は貴重な青銅器を一個人のために消費してしまうという側面を持ち、この行為を通して、埋葬に参加した人びとは、被葬者をめぐる社会関係を再確認したとも推測しているのである。

　これらのことをまとめると、弥生時代前半の社会階層は不安定なものであったが、時期が新しくなるにつれ、埋葬行為から、当時の階層的な社会関係を再確認できるものとなっていった可能性がうかがわれる。

4．いつまで小児棺を使うのか？

　数年前、ある大学博物館で子供をテーマにした展示をすることになり、打ち合わせをしていた。そこに同席されていた中世女性史研究者の服藤早苗さんが、「子どもをどのように定義するのですか？」とおっしゃった。中世の社会では、子どもはその年齢に応じて、社会とのかかわり方が異なっていたため、中世史の研究者から見ると、大人と子どもというあいまいなくくり方に違和感があるのは当然である。

　当時の社会では、生まれて7〜10歳くらいまでの時期の子どもは「稚児」と呼ばれ、すべての場における男女差はない。しかしそれよりやや年長の12〜13歳までの子どもは「童」となり、大人への

準備、男性・女性としての教養を身につけたりするのである。

　文献資料が存在しないため、弥生社会をこうした視点で考察することはできないが、大人と子どもでは、体力や知力などさまざまな面で、社会との関わり方が異なっていただろうし、中世同様、子どもの社会における関わり方は一様ではなかったと考えられる。だが、子どもの中で、稚児と童のような区別がなされていたかどうかは残念ながらわからない。

　甕棺には前にも述べたように、成人用のものと小児用のものがある。しかし、何歳までが小児棺なのかというと、その定義はややあいまいである。

　それはいくら甕棺内に埋葬されている人骨の遺存状態が良好であっても、期待しているほどではないことによるからである。すなわち、子供の骨は薄くて小さいため、小児甕棺とされるものが出土しても、骨そのものが残っていない。そして、運よく骨が残っていても、正確な年齢を推定する部位が残っていないことがほとんどであるからだ。とはいえ、手をこまねいてばかりもいられないので、私自身が実際に鑑定した、福岡県糸島市井原鑓溝遺跡における第74号甕棺出土例を紹介させていただきたいと思う。

　鑑定の際にはまず、甕棺内の骨を、土と分別しながら取り上げていくことになる。だが、この作業は図面をとりながら…ということになるので、大層手間がかかる。また子どもの骨はもろく小さいので、土をのけるのも大変だ。それでも辛抱強く続けていくと、骨の各部分が明らかになり、この人骨が子どもであることを如実に示す、未成人の骨が多数確認されるようになるのである。

歯は一応生えそろい、乳歯に代わって永久歯が顔を出している。そして下顎骨の中には未成人の永久歯がおさまっていた。

頭の骨は半分壊れた状態だったため、その形態的な特徴について語ることは難しい。背骨はというと、大人のように、加齢変化によって椎体に骨棘が生じることはなく、すっきりした、すがすがしい形をしている。

そして完全な状態とはいえないものの、上腕骨や大腿骨といった腕や肢の骨も出土している。骨の厚さは薄く、子どもならではのものだ。そして、上腕骨の一部を観察したところ、まだ骨が完全にできあがっておらず、骨と骨の間に軟骨が入っていたことを示す跡も確認できた。

以上のことからみて、この小児甕棺の被葬者の年齢は11歳程度ということになったのである。こんなに幼くして命を落とした「糸島キッド」（仮称です）には涙がそそられるが、この場合、小児棺の埋葬年齢をきちんと確認できたのである。この中世でいうところの童の年齢に相当する子どもの社会的役割については依然認識することはできていない。そのため現状ではなかなか難しいが、小児棺に埋葬される個体の年齢は12～13歳程度までと漠然と言われている所見をきちんと裏付けることができた。

今後、観察可能個体が増えていくことにより、子どもの年齢ごとの弥生社会における役割の相違を、埋葬形態等とあわせて読み取れるようになるだろう。

5．死因は何か？—糸島キッドの場合—

　小児棺に納められた「糸島キッド」。それにしても、この子は、どうしてこんなに早く死んでしまったのだろう。11歳と言えば、現在でいえば、小学校の高学年。まだまだかわいい盛りである。

　骨から死因を探ることは、実は簡単ではない。それは、骨が人体のわずか数％にすぎないこと、また骨に残された病気の所見が、その人物の健康状態すべてを物語るものではないからだ。

　さらには罹患した人物が子どもの場合には、抵抗力があまりないため、病気に罹っても、その所見となる情報を骨に残す前に死亡してしまうことも少なくないのである。

　また、子どもの骨は大人の骨に比べて小さくもろいため、壊れやすく、骨格の多くが簡単になくなってしまって、観察しようとしても観察するための部位自体が現存しないということも多い。

　糸島キッドの骨ももろかったため、骨格のすべての部位が遺存しておらず、全身をくまなく観察することは残念ながらできていない。しかし、子どもの骨としては、遺存状態が比較的良好であり、先に述べたように死亡年齢を知ることができた。また、丹念にみたところ、この人物には病気の所見が残されていたのである。

　この場合の骨病変はエナメル質減形成と呼ばれるもので、この子の左右の犬歯に残されていた。エナメル質減形成とは、歯のエナメル質が顎の中で作られている時期に病気や栄養障害などの影響で、歯の成長が一時的にストップしてしまうことによって生じるものである。

　歯のエナメル質は歯の種類によって形成される時期が大体決まっ

図11 上:福岡県井原鑓溝遺跡から出土した上腕骨遠位端未癒合の
ケース(上)とエナメル質減形成の上顎右犬歯(下)

ているので、どこの歯にエナメル質減形成が観察されるかによって、歯の成長がストップした時期、すなわち栄養障害等によるストレスを受けた時期を明らかにすることもできる。

このように、歯の表面を構成するエナメル質の形成時に不具合が生じると、歯に線が入ったり、くぼんでしまったりする。また、その出現頻度は臨床医学例では、永久歯で約10％、乳歯でも数％の出現頻度が示されているのである。糸島キッドの場合は、永久歯である左右の犬歯にこの所見が観察されるため、この歯の歯冠を形成する1歳前後の時期に健康を害する何らかの出来事があったものと考えられる。

6．骨の一部が出土する再葬墓

繰り返しになるが、それは人骨の遺存状態が埋蔵環境に左右され、遺跡から出土する人骨には、残り具合が良いものとそうでないものがある。こうした中でも遺存状態がよくないものとして、壺に納められた状態で出土する人骨をあげることができる。

弥生時代中期には、直径1m程の竪穴の中に、高さ30cmほどの壺を数点埋め込んだ墓が、関東から東北地方の一部にかけて広がる。これらは、一度どこかに埋めておき、白骨化した骨を改めて壺に納めたと推測されることから、考古学者はこの種の墓を「再葬墓」と呼んでいる。

このような再葬墓の立地は、変わった場所が多い。まず出流原遺跡。栃木県宇都宮市からJR佐野駅に向かい、駅から車で30分ほど行くと遺跡はある。

残念ながら、この遺跡は、出流原小学校のプール建設時に発見されたもので、校内に、遺跡は跡形もない。現在は、明治大学考古学研究室がかつて調査した遺跡概要を立て看板によりうかがい知ることができるのみである。そのためその概要を知るには、近くの博物館に展示されている土器や調査当時の写真を見ながら、ということになる。が、この遺跡に足を運んでみて気づいたことが一つある。遺跡からは、神々しいなんとも言えない鋭い山を背後に見上げることができるのである。それは次に述べる岩櫃山のような雰囲気を持っているようにも思えたのである。

　岩櫃山は、北面から山を見るとごく普通の山だ。しかし、郷原駅側、南面から見た、そのとがった雄々しい姿から感じられるものは神々しさのみではない、死をイメージされる畏敬、神聖さをも感じさせるのである。

　岩櫃山にあるのが、もう一つの再葬墓、群馬県の鷹ノ巣遺跡である。

　標高802ｍの岩櫃山は、「吾妻八景」を代表する景観の一つで、登山のガイドブックには中級程度のフットワークでOKと書かれている、手頃な登山コースだ。そのため、秋の紅葉シーズンにはここを訪れる人たちも多い。

　2014年8月下旬のある日、一度、山にある遺跡を見てみたいと思い、岩櫃山に向かった。そしておそらく山裾に居住し、埋葬時にこの山を登ったであろう弥生人と同じように、土器とほぼ同じ重さの食器類をリュックに詰め込んで、登ることにした。それは、当時の人びとも土器を背負って、あるいは抱えて、山に登ったと考え、

第 2 章　弥生の社会をみてみると　45

図12　栃木県出流原遺跡遠景

この地に墓を営んだ人びとの心と苦労に少しでも近づいてみたいと思ったのである。

　JR郷原駅を降り、密岩通り登山口から、頂上まで約80分、ひたすら歩く。山登りをするたびに感心することだが、登山者が危険な目にあわないよう、多くのコースでは、階段や道が整備されている。嵐で木々が倒れて危険な場合には、その印がつけられており、本当にありがたい。こうした案内がなかった弥生時代に、再葬墓をつくった人たちは、さぞかし大変だったことだろう。

　標高が低い箇所ではシダ類が繁茂しており、息苦しい。そして山頂が近くなると、鎖をつたっていく場所が多くなった。もともと、標高の低い山は夏に登山するものではない。

　今回の岩櫃山の場合、実は5月から2回ほど行こうと計画はして

いたのだが、そのたびに大雨になったり、台風が来たりして延期せざるを得なかった。それで、登山は8月下旬になってしまったのである。

　結果から言ってしまうと、秋の紅葉シーズンには適した山だが、夏に登るのはまったくお勧めできない。暑いし、ヤブ蚊も多い。しかも、雨が降ったあとでは、当然のことだが、岩場はかなりすべる。実際に登ってみてわかったのは、一つ。天候としっかり相談してからでないと、埋葬に来るのも大変なのである。

　麓から山登りを開始した時、何人かの地元の人たちと会って挨拶をしたが、一様に「えっ！　この暑いのに登るのですか？」という顔をされた。そういう時期の登山だった。

図13　群馬県岩櫃山を登る

さて、それでくだんの岩櫃山なのだが、あと 20 m 程で山頂というところに、ややひらけた傾斜面があり、その岩蔭には 100 ㎡ ほどの岩床があった。これが鷹の巣遺跡なのである。

　残念ながら、現地には遺跡の説明は一切なく、遺跡名を書いた看板だけがぽつんとかけられているのみで少しさびしかった。

　遺跡を見終え、続いて、切り立つような狭い山頂に何とかよじ登った。頂上は狭く、あたり一面を 360 度パノラマで見渡すことができる絶景であった。しかし、一歩間違えば、遭難者となりかねない険しい山である。

　そして、登る前に JR 郷原駅側、つまり南面から見る岩櫃山の姿がごつごつとして、雄々しく、神々しく見えたことを思い出した。反対側からみるとごく普通の山なのだが、別の側からみると特別な存在……。とすると、登山前に感じた山の神聖さは再葬墓と一体のものとも思えるのである。

　すなわち再葬墓には、ランドマークになるような神々しい山が近くにあることが多く、これは必要条件なのかもしれないのである。遺体が骨化するには、そこそこの時間がかかるし、こうした山は、寒い時期にも暑い時期にも訪問が困難な山であるため、再葬墓の設置は春や秋などの特定の時期に限られていたのかもしれない。帰りは比較的楽なコースとされる沢通りをいったが、石だらけのゴロゴロした足場では、バランスをとるのが大変で、登山にも下山にもかなりの体力が必要なのである。そのため岩櫃山に行った翌日にはしっかり筋肉痛に悩まされることとなった。

7．壺の中に骨を入れる

　再葬墓に用いる壺の中には1体分の人骨が納められていると考えられるが、残りがかなり悪いため、実は人骨の詳細についてはよくわかっていない。

　鷹の巣遺跡は、弥生時代を代表する再葬墓の一つであるが、約20個の土器が4群にわけて設置され、土器群の近くから男女2体以上の人骨が出土している。土器の中からは人骨は出土していなかったということであるが、これらの土器が骨の容器となっていたことがのちの調査により明らかにされている。

　岩のくぼみに置かれている壺や甕などの土器の中に入っていたとされる人骨は、遺存しやすい大腿骨などの下肢骨のほか、中手骨（指の骨）などの総面積が小さく残りにくいとされる骨まで含まれる。人骨を鑑定した人類学者の鈴木尚さんによると、中には解体痕によるとされる傷まで確認されている。こうした傷は、壺に骨を入れる前に、筋肉などの軟組織を取り除き、取り切れなかった部分に鋭利な道具で取り除いた際につけられたものであり、人骨はこの作業後に壺に入れたとされるのである。沖縄では洗骨の風習が古くからあったが、こうしたものと類する行為を弥生時代の人びとが実施していたとみることができるのである。また、歯牙や中手骨には孔があけられているものもあり、死者を悼む親族が身につけていたことも想定されている。

　このような埋葬行為では、骨を入れた人面のデザイン付の土器「人面付土器」が使われることがある。そしてこうした土器は、もともと縄文時代中期、中部高地（長野県や山梨県）において発達したも

のであり、弥生時代の再葬墓との関係性も指摘されてはいる。そしてこうした特異な埋葬が新しい社会様相を示唆するものとも考えられているのである。

考古学者の石川日出志さんは、このような再葬の構成が血縁的なものかどうかという考察をするにあたっては、次のような考察をしている。すなわち、集落の分散小規模化という同族集団の分裂をつなぎとめるための集団としての結合の必要性が高まったことによるとしているのである。

また、同じく考古学者の設楽博己さんは、骨を納める容器として大型の壺を多用し、女性像を基本とする縄文時代の土偶を男女1対の像へと変化させていると考察している。すなわち、弥生時代の再

図14 千葉県天神前遺跡から出土した土器と下肢骨（明治大学博物館収蔵）

葬墓形成時期には農耕文化という異文化の影響が強くなっていると考えられるのである。

いずれにしても、このように墓の様相が変化していることから社会様相の変化も考察できる。しかし、再葬墓を形成した人びとに関わる生活の痕跡、すなわち集落等の遺構は残念ながら確認されていない。

8．鵜ではない鳥の話

弥生時代になると鳥のデザインをとりいれたものが見られるようになることを歴史学者の平林章仁さんは指摘している。こうした鳥に関わるものは、農耕とセットで日本列島に導入されたとも考えられており、弥生時代以降になって顕在化してくる。それは銅鐸に描かれた水鳥の絵や鳥装シャーマンが描かれた弥生土器などからうかがうことができる（甲元 2008）。

農耕祭祀とも関わりがあるほか、鳥は古くから死後の世界へ死者をいざなう、神聖な生物の一つされてきた。そのため、鳥の意匠を持つ遺物は特別な意味を持つものとして考えられることもあったという。しかし、被葬者が鳥の骨と共に出土する事例は数少ない。こうした中でも注目されてきたのが土井ヶ浜遺跡から出土している鳥骨である。博物館には「鵜を抱く女性」という人骨が展示してある。

1953年の第1次調査で出土した壮年女性人骨（土井ヶ浜1号人骨）の胸部から鵜の雛の骨が検出されたことから注目されたのである。鵜を抱いて出土した女性は、シャーマンか、といった新聞記事

第2章　弥生の社会をみてみると　51

を目にしたこともある。

　しかしこの骨はよく見ると鵜にしては小さいし、形態的特徴から見て違和感があるのでは…と囁かれていた。動物遺存体研究者の江田真毅さんの研究チームは、この鳥骨の骨端や骨幹の形態的特徴を観察し、次のように述べている。

　すなわち、これは雛ではなく、鵜の可能性も低いとしているのである。骨端の遺存が不良であるため骨幹の観察が中心となるが、骨幹の手触りが成長途中の個体のようにザラザラしていないこと及び骨幹の計測値や形状が鵜とは異なっているというのである。

　そのため、この標本はカモメ・タカ・フクロウなどの可能性が高く、雛でなく鵜の可能性も低いと結論付けられたのである。

　また、この標本の骨

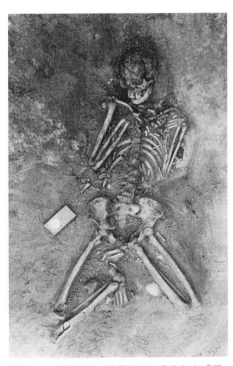

図15　山口県土井ヶ浜遺跡から出土した「鵜をいだく女」1号人骨（土井ヶ浜遺跡・人類学ミュージアム提供）

幹部には数カ所のげっ歯類による咬み跡が残されており、同時に埋葬されている1号人骨にはこうした咬み跡がない。

そのためこの鳥骨が1号人骨に伴うものかどうか怪しくなってきているのである。

砂丘の遺跡は埋まり方が特殊であるため、解釈が難しい。今後、この鳥骨の年代測定などが実施された上での、再検討の時期を待つこととしたい。

9．甕棺墓の変遷―階層差をみる―

弥生時代の北部九州を代表する墓制の一つである甕棺は、縄文時代からあったものではない。甕棺は、器高80cm以上の棺専用の大形の甕を埋葬用に用いたものであるが、弥生時代前期中頃（板付Ⅱ（古）段階）に大形壺から成人埋葬のものとして発展したものである。

要するにもともとは棺専用ではなかった。弥生時代になって、普通の甕が棺に転用され、その結果、変容したものなのである。要するにもともとは普通の土器だったのだが、甕棺となると、煮炊きや貯蔵に用いられていた土器とは異なり、埋葬専用の棺として大型化した土器を一般には指していると考えてよいだろう。だが、この甕棺埋葬、弥生時代になってすぐに盛行したわけではない。

弥生時代の初めから前期前半（？）くらいまでは、成人の遺体は、支石墓の下に納められた木棺、あるいは支石墓の石蓋土壙に埋葬され、大人が甕棺に埋葬されることはほとんどなかったのである。

すなわち甕棺は元々、乳幼児のもので、大人は石棺か木棺に埋葬

されるのが普通だったのである。これが考古学者の橋口達也さんのいう甕棺のKIa式以降（弥生時代前期）には一変し、甕棺に大人も納められるようになる。

　甕棺は新しくなるにしたがって大型化していくことはよく知られているが、こうしたこととも相まって、考古学者の高木暢亮さんは、時期がくだるにしたがって、上の甕と下の甕のセット関係が変わることも指摘している。

　すなわち、比較的古い時期には、上甕下甕両方に壺が使用されているが、時期が新しくなると上甕下甕ともに埋葬専用の土器である甕棺の使用が基本になる。このように、甕棺は徐々に大人用の棺となっていったようである。

　また、甕棺の内外からは、数こそ多くないが、副葬品を伴うケースもあり、甕棺の棺体・副葬品・外部構造を総合的に観察すると、そこからまた別の要素がみえてくる。

　考古学者の中園聡さんは、副葬品のあるなしや、副葬品の中でも当時希少価値が高いと考えられる鏡や青銅器の有無やその点数と墓壙の大小や甕棺の造りにかかわるものを、まとめて「エラボレーション」（いかに手間暇がかかっているか）という概念でみている。すなわち、エラボレートされている墓は、副葬品の質・量ともに豊富であり、墓の掘り込みやその埋葬施設である甕棺もつくりのいいものになっているのだという。

　このような概念で、出自規制などを含めた当時の複雑な社会様相をすべて説明することは困難である。が、このようにエラボレートされた墓地はある意味「階層差」を示すものと考えられ、福岡県内

の須玖岡本遺跡や三雲南小路遺跡などで出土している特定の甕棺の卓越性を考察するための手掛かりの一つともなっている。このように大型化し、隆盛を極めた甕棺埋葬であるが、弥生後期になると社会変容のためか衰退していく。

　残念なことに、甕棺埋葬がなされなくなると、病変を観察できるほどの良好な遺存状態を保持する人骨も出土しなくなる。しかし、考古学者の大神邦博さんや江崎靖隆さんが指摘するように、この時期になっても、福岡県西部の糸島地域は地域性が強く、他地域よりも時期が新しくなっても、甕棺を使うことが多いのである。そのため、運が良ければ、糸島地域では今後、甕棺に入った遺存状態の良好な人骨に遭遇することがあるだろう。

10. 副葬品からみた大人と子どもの様相

　文化人類学者の深作光貞さんは、人間特有の装いの中でも装身具の一つである首飾りに注目している。首は、食物や空気を取り込んだりすると同時に、人間にとって好ましくない病のもとをも取り込んでしまう入口の一つであるため、装身具の中でも呪術的な様相がもともと強いものと考えている。

　すなわち、装身具の中には呪術的なもの、ステイタスやポジションを示唆する表象の意義をもつものなどに分けることができるのである。が、装着する部位によってその意義が異なっており、墓に副葬品あるいは装着品として副葬される場合もその意義の可能性を指摘している。また考古学者の平尾和久さんは性別によって副葬品が異なり、たとえば紡錘車などの風装品は女性に多く見られがちであ

ることを指摘しており、山田康弘さんは、性別や年齢によって副葬品の種類は異なっていることも述べている。すなわち、中でもその当時の社会において重要な役割を果たしていたとみなされる壮年・熟年の個体では副葬品の保有率が高くなるとしている。古浦遺跡においても、副葬品から年齢や性別による考察や成人個体と未成人個体との関係性についても考察が可能である。

　古浦遺跡の被葬者には総じて副葬・着装品を伴うものが多く、44体中17体（保有率39％）に何らかの遺物が伴うことが確認されている。中でも未成人個体には貝輪や貝小玉などを伴うものが多く、貝小玉は幼児骨では10体中5体に副葬されており、貝小玉と貝輪を伴うものも幼児骨では10体中3体となっている。しかし、成人では貝製品を伴う個体は1体も確認されていない。

　また勾玉や管玉などの玉類は成人個体にほぼ限定されており、未成人個体に伴うことは稀である。しかし、2体の未成人個体（21号人骨・65号人骨）において、碧玉製管玉を伴う個体（隣接して埋葬されている成人個体のものである可能性もあるが）が確認されている。すなわち成人個体と未成人骨とでは副葬されるものの種類が異なっているのである。また、貝輪の大きさは男性、女性そして未成人個体のそれぞれにあわせて製作されており、着装されている貝輪の大きさからも年齢やある程度の性別推定は可能なのかもしれない。

　また骨病変と副葬品の関係性は確認できていないが、副葬品保有率は成人個体では33％（18体中6体）であるのに対して、未成人骨では75％（16体中12体）となっている。なかでも先述したよう

に未成人個体、すなわち子どもたちは16人中6人が貝輪を着装している。このような状況からみる限り、この遺跡においては、貝輪の装着が、子どもであることを示す可能性が高いと考えられるのである。

　子供であることを示す装身具というのは木下尚子さんによると、縄文時代には存在せず、弥生時代になってから登場する風習であり、腕輪によって子供を区別するという考え方は、韓半島から農耕文化と共にやってきたものとも考えられている。

　またこの遺跡からは、頭蓋骨の中でも前頭部に青斑が認められるものが6例出土している。これらの6体は、幼児から老年と幅広い年齢層のものであり、性別も男性女性のいずれかに偏るということ

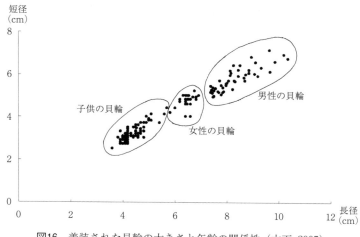

図16　着装された貝輪の大きさと年齢の関係性（木下　2005）

はないようである。そしてこの青斑は何かというと、正円形の銅製飾板をつけた鉢巻き状のものを捲いた痕跡と人類学者の金関丈夫さん、および小片丘彦さんは考えている。このような鉢巻き状のバンドを着装したまま埋葬する事例は台湾の漢族において実施されていたという報告があることから、古浦における青斑付頭蓋骨もこれに類するものだとされている。

　実際、古浦遺跡から出土している青斑付頭蓋骨には、複数の変形箇所が確認されており、彼らの生前の社会的役割については不明であるが、彼らがバンド状のものを装着していたことがわかるのである。また、21号人骨のように、青斑付の幼児個体に管玉が副葬されるのは興味深く、49号人骨のように、青斑付成年男性の場合、副葬品として勾玉・管玉を持っており、地上標識として列石・置石・砂利群が確認されるなど、様相を異にする埋葬形態をとり、この人物がやや特異な役割を担っていた可能性もあり、興味深い。

　調査担当者の藤田等さんは、埋葬レベル等から個々の被葬者同士の関係性に関する考察を実施している。たとえば、61号（成年女性）人骨・65号（小児）人骨・70号（男性熟年）人骨が近い位置に埋葬されているが、埋葬レベルで見ると、65号人骨が最も古く埋葬され、次いで61号人骨、70号人骨の順であることがわかる。

　頭位を東にとる26号（成年女性）人骨に伴うと考えられる人骨は、同じく頭位を東にとる23号（幼児）人骨と頭位を西にとる24号（幼児）人骨と頭位が不明な25号（乳児）人骨とみなすことができる。さらに37号（幼児）人骨・44号（熟年男性）人骨・45号（成年女性）人骨・46号（幼児）人骨は頭位をすべて東にとり、隣

接した状態で埋葬されている。

　しかし、このうち最も早く埋葬されたのは45号人骨及び37号人骨、ついで44号・46号人骨が埋葬されていると考えられる。また埋葬地点が少し離れており、頭位も異なるが、28号（幼児）人骨と、35号（壮年女性）人骨または、26号人骨との関係も指摘できるし、21（幼児）号人骨と22（熟年女性）号人骨の頭位は、やや異なるがほぼ隣接した状態に埋葬されていることから、2体は関連性のあるものとみなすことができる。

　古浦集団に観察される抜歯は、上顎犬歯を中心としたものであり、男性では成年以上の個体において施され上顎左右犬歯の抜歯から、下顎左右の中切歯・上顎左右側切歯の抜歯が加わる。女性では同じく成年以上から上顎左右犬歯から下顎左右犬歯へと進み、上顎の側切歯の抜歯へと進んでいくが、抜歯型式による埋葬地点の偏りは確認されていない。

11．切り傷のある人たち

　切り傷を負ったり、腰骨に弓矢など武器の一部が突き刺さった状態で出土する人骨は、縄文時代から存在している。それらは、縄文時代から戦争があった証拠だと言う解釈にも使われているが、まだよくわからない点が多い。

　弥生時代の北部九州では比較的良好な人骨が出土しているが、埋葬施設である甕棺の埋蔵中の破損によって、残念ながら、棺内に埋葬されたすべての人骨の遺存状態が良好というわけではない。そのため、出土している人骨が破片程度のものである場合は、その人物

の基本的情報、すなわち年齢や性別さえ知ることができない場合もある。しかし、こうした状況であっても弥生時代になると、出血多量により死亡したとされる個体がかなりの頻度で確認されるのは確かであろう。

すなわち北部九州では、弥生時代の早い段階からも切り傷を持つ人骨が確認されている。また、このうちの多くは、比較的若い男性人骨であり、女性や子供の骨、老年に相当する個体は非常に少なく、弥生時代中期においてもその傾向は基本的に変わらないことを考古学者の橋口達也さんが指摘されている。

また弥生時代早期〜後期の間には「殺傷痕のある人骨」と武器の一部が一緒に出土した個体が262例あることも確認しており、これは大陸から移動してきた人びとと在地の人びととの間の戦い（戦争とも）の痕跡を示すものだとしている。

考古学者のいう「戦争」は、国家を含む政治的権力集団間で、軍事・政治・経済・思想等の総合力を手段として行われる抗争のことをいい、戦闘や戦いとほぼ同意義語となる。

しかし、先述したように、鏃など武器の一部を体（人骨）に射込まれた例は、縄文時代にも確認されているし、こうした所見が弥生時代における戦争の痕跡と直接つながるかというとやや疑問が残る。

また、かりに人骨に残る傷跡をすべて「戦争の痕跡」とするなら、殺傷痕がどのような状況でつけられたものなのかを武器と併せてもう少しみておく必要がある。

考古学者の藤原哲さんは、殺傷痕を持つ個体と武器の関係を調査

し、弥生時代の対人殺傷方法を次のように分類している。

　Ⅰ　至近距離武器による殺傷（倭国大乱や新方遺跡などの例は
　　これらにあてはまる）
　Ⅱ　接近武器による殺傷
　Ⅲ　遠距離武器による殺傷
　Ⅳ　遠・近距離武器の殺傷分類

　その結果、弥生時代の前半（早期～中期）は数人単位の戦闘が主であり、短剣や弓矢による背後からの殺傷が多いのに対して、弥生時代の後半になると、遠・近距離からの弓矢などでダメージを与えた後、剣でとどめをさすといった形態に変化すると指摘している。

　すなわち、そこからは小規模な戦いから集団戦へと、戦いの比重が変わっていく様相がうかがえ、弥生時代は、諍いから戦争へと移る過渡的な未開戦段階にあるとみているのである。

表1　弥生時代早期～後期にかけて殺傷痕のある人骨出土例（橋口 2007）

時　　期	殺傷人骨及び棺内武器の出土の割合(%)
早期末～前期前半	3.6
前期後半～末	17.6
中期前半	34.8
中期中頃	18.6
中期後半	10.9
後期前半	5.9
後期後半	0.9
時期不明	7.7

青谷上寺地遺跡を除く118遺跡262例（このうち北部九州97遺跡、228例）

　縄文時代から弥生時代へと時代が進むにつれて、大陸からの人の移動の活発化に伴い、人口が増加し、その結果、さまざまな不都合が出てきたことは確かであろう。しかし、ちょっとしたこぜりあいがどのような過程を経て、戦争へと発展していくのかについては解釈が難しい。

　すなわち、こうした小さな

第2章 弥生の社会をみてみると　61

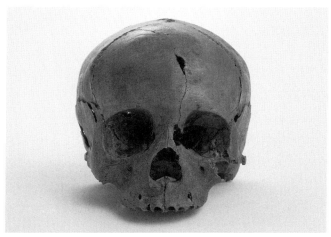

図17　鳥取県青谷上寺地遺跡から出土した切り傷をもつ成年女性の頭蓋骨（鳥取県埋蔵文化財センター提供）前頭部に紡錘形の刺創痕（19 mm×4 mm）やそれに伴う亀裂骨折もある。

諍いは、何も弥生時代になってから生じたというわけではなく、本当に些細なことから生じるものであるとすれば、縄文社会においても頻発していたはずである。

　また、こうしたこぜりあいが戦争という形態をとるためにはそこに単なる個人的な仲たがいを超えた集団としての思想に裏づけられた行動が見えてこなければならないと考えるのである。

12. 戦争の痕跡をみる—釜山での事例から—

　戦争による殺戮を、古人骨から把握することは簡単ではない。しかし、まれに出土状況からその一端が推測できるケースもある。

豊臣秀吉が朝鮮に侵攻した文禄・慶長の役(1592～1598)のことを、韓国では「壬辰倭乱」といっている。
　1592年4月14日、総勢20万の兵力で攻め入った日本側は、韓半島に上陸し戦いの火ぶたを切った。日本側の軍は、釜山鎮城及び東莱城を陥落させ、勢いにのって数週間でソウルを占拠し、数カ月後には平壌まで兵を進めている。
　この様子を示す遺構が、今から10年前に韓国・釜山市の地下鉄4号線の工事中に出土した。石垣などの遺構の一部に目を向けると、攻める日本と防衛した韓国側の戦いの痕跡が見てとれ、この戦いでは、韓国側の多くの兵が戦死しており、無残な最期を遂げているのである。
　現在、この惨状は遺構とセットで復元という形をとり、地下鉄4号線の東莱駅構内にある韓国釜山東莱邑城歴史館にて展示されている。そこでは銃で撃たれた兵が今まさに溝に落ちていく様子が再現されている。戦いの最中の様子を再現したこうしたジオラマからは兵士のうめき声や叫び声とともに爆音も聞こえてくるようである。
　出土した人骨のほとんどは、濠に投げ込まれた状態で出土しており、大半が殺害された朝鮮の人びとのものと考えられている。ここでは町を守るため武装した兵の遺体が多いらしく、その多くは壮年(20～30歳代)男性のものである。人骨はさまざまな部位が散乱した状態で見つかり、銃創や切り傷なども確認されている。が、埋葬の痕跡は見て取ることができない。
　昨今流行りの歴女（歴史好きな女子）の間では古戦場めぐりなどがトレンドだと聞いたが、日本の戦国時代に相当する古戦場跡を訪

第 2 章　弥生の社会をみてみると　63

れても何もイメージすることができない。

　戦いで命を落とした人物の場合、埋葬などの行為は実施されず、遺体はその場で朽ちることとなる。そして兵士が所持していた金目の物は持ち去られ、そこには命を落とした人物が少しずつ骨化し、この世から姿を消していく様などが絵巻物にも描かれている。

　東莱邑城歴史館の展示では、墓地や住居址などのいわゆる「平和」な状況を示す遺構が全く示されていない。この戦争は、韓国側の人たちに多大な被害を与えているし、この戦争を起こさなければならなかった必然性についても理解しにくい部分が多く、この展示を日本人として見学するのはなかなか辛いことであった。

　戦争は社会が利害を追求しすぎた結果、生じる場合が多いように思う。こうした悲劇を繰りかえさないためにも、戦争の痕跡を確認し、その異常な様相に目を向けておくことは大切である。そして、かつての殺戮を歴史として、これからの21世紀を生きる私たちは見ておく必要があると強く感じるのである。

　弥生時代人骨においても殺傷痕から、闘争の事実を垣間見ることは可能である。だが、これらはすべてきちんと埋葬されたものであり、戦いの惨状については認識できない。そしてこうした人たちが活動していた戦場となった場所が特定できず、詳細については不明なままなのである。

13.　戦争が始まった時期—最初の弥生人？—

　先述したように、個々人の攻撃性に起因する諍いが、戦いという大きな規模へと変化するには理由が必要である。

考古学者の松木武彦さんは、戦争が起きるには、戦争発生の基盤にある経済的要因、及び戦争の発動を決定する意識や意志が必要であり、戦争は、農耕社会の突入によって弥生時代の開始期に初めて起こり、その後も抗争の波が時間をかけて日本各地に広がっていったことを指摘している。

　農耕社会は狩猟採集よりも多くの人口を抱えることができるため、人の数は増える。しかし、そのために、食料を生産するための土地がさらに必要となってくる。そこで同じく考古学者の春成秀爾さんも、コメづくりに必要な土地を少しでも有利な場所に設けたいという理由で生じたものが弥生時代の戦争だと述べている。

　北部九州の沿岸部に位置する福岡県糸島市。ここには弥生時代早期に相当する墓地、新町遺跡がある。大きな石を数個埋葬地に並べ、天井部に巨大な石を載せる支石墓という形態のものである。日本の支石墓は、韓半島のものに比して材として使用されている石の大きさが小さいが、これらは大陸からの影響を受けたものであり、そこからは韓半島との交流を見て取ることができる。

　そしてこうしたお墓に埋葬されている人たちがどういった人たちかというと、縄文人さながらの顔立ちである。新町遺跡の人たちは初期の農耕民ともみなされるが、大陸的な様相を呈していることはなかった。日本列島に暮らす縄文人が知らないコメ作りの技術を持った弥生人が大陸からやってきて、弥生文化の担い手になったという説明はまちがってないだろうが、新町遺跡から出土している人骨はこの解釈を混乱させる資料となってしまう。

　現在の福岡市・糸島市あたりは、韓半島と距離が近く、関東の方

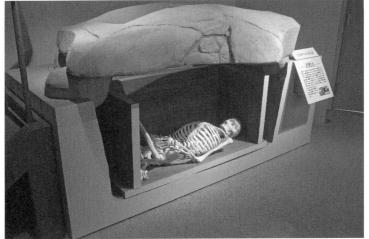

図18　上）福岡県新町遺跡における支石墓の埋葬状況（復元）
　　　下）福岡県新町遺跡の支石墓に埋葬された弥生人（糸島市教育委員会提供）

が遠く外国のように思えてしまう。釜山までは船で行っても飛行機で行っても博多からならば東京に行くよりも速いし近いのである。そして考古学の研究分野では北部九州の場合、特に韓国の大学との交流会や研究会が多く、こんなに行きやすいならば、古くから交流があっても当たり前と納得してしまうのである。

　このように古くから交流があり、身近な存在である北部九州と韓半島では互いに影響し合ってきたはずである。支石墓に埋葬された新町遺跡の人びともそうした状況にあったと思われるし、そこには色々な人生ドラマがあったはずだ。

　仲良く食事をし、食べ物を効率的に獲得するためにはどうしたらいいのか話し合い、それは狩猟や農耕といった技術の伝播や進展にもつながっていったのであろう。

　しかし異なる価値観を持った人びとが狭い敷地内で生活すると些細なことからこぜりあいが生じ、はずみで誰かを殺してしまうという事件もおこる。また、縄文人の中にも、大陸からやってきた人たちの新しい考え方に影響を受け、賛同する、という者もでてきたであろう。

　弥生前期末から中期前半にかけて、北部九州では丘陵上における集落が増加するが、考古学者の橋口達也さんは、これを人口増加により新たな可耕地への進出・分析の必要性が高まり、谷水田を控えた丘陵地における土地利用が進んでいった結果としている。

　また、磨製石剣や磨製石鏃の切先が人骨に伴って出土する事例が目立つようになることから、この時期における丘陵部への進出に伴って、集落間で戦闘行為が激化したとしている。

しかしこぜりあいから経済的な要因に基づく新しい価値観によって生じる戦争への発展がいつなのかを語る明確な資料は、これで十分だとは言えないように感じられる。

　先述した吉野ヶ里遺跡などからは首なし遺体が出土しており、殺傷痕を持つ個体は明らかに弥生時代になると増えてはいるが、戦いの場がどこだったのか、何人くらいの人びとが参戦したのか、死亡したのか、何もわからないのである。

　すなわち、北部九州と韓半島とでは渡来人の流入により、戦争に繋がるという明確な痕跡が十分に残されているかというと、いささか疑問も残る。

14. 戦いはなぜ起こる？

　平和の尊さが叫ばれて久しいが、この世の中から諍いがまったくなくなることは、残念ながらないようだ。

　これは動物である人間がもともと攻撃性を持っていること、すなわち、心理学者のフロイトが主張したように、人間から攻撃的な要素を取り除くことができないことによると考えられるのである。また、このような攻撃性について、人類学者のアシュレイ・モンターギュさんは以下のようにまとめている。すなわち、

　　1　捕食的攻撃性…餌食となる自然の対象物の存在によってひきおこされる
　　2　反捕食的攻撃性…捕食者の存在によってひきおこされる
　　3　なわばり的攻撃性…侵入者に対する領域の防衛
　　4　優位指向的攻撃性…動物のランクに対する挑戦やある物に

対する欲望から引き起こされる
5 母性的攻撃性…特定のメスのコドモに危険な行為者が接近することにより引き起こされる
6 離乳期攻撃性…コドモの独立性が増大することによって引き起こされる
7 親の教育的攻撃性…乱暴で行き過ぎた遊びや逸脱等の刺激によって引き起こされる
8 性的攻撃性…交配の目的や長続きする配偶関係の確立のためメスによって引き起こされる
9 性に関する攻撃性…性行動を生ぜしめるところと同じ刺激によって引き起こされる
10 オス同士の攻撃性…同種のオスの競争者の存在によって引き起こされる
11 恐怖誘発的攻撃性…監禁や危険な行為者の存在によって引き起こされる
12 過敏な攻撃性…攻撃しうる生物や物体の存在によって引き起こされる
13 補助的攻撃性…1～12までに攻撃性により環境の変化が生まれ、生じる攻撃的な行動

となっており、これらの要素が関連した結果、暴力的な行為へと発展すると考えられるのである。また、他者に対する攻撃が悪いことだと認識されない場合、人間も動物なので、諍いの程度はエスカレートしてしまい、理性より本能が勝ってしまうことがあるだろう。しかし、個々人の持つ攻撃性は、本来は、戦いとは直接つながらない

ものだ。そのため、小さなこぜりあいや諍いが戦いへと変貌するには何らかのきっかけが必要なのである。

政治経済学者のポール・ポーストさんは、戦争には本能に裏付けられた暴力行為以上のものが見えることを改めて指摘し、戦争経済理論を展開している。

図19 ドイツアウシュビッツ強制収容所で平和について解説する中谷氏

言うまでもないことだが戦争には多くに資金が必要であり、それをいかに調達したかが勝利に結びつくといってもいいのである。そして、一般に第二次世界大戦は、結果としてはマイナスになっているが、一時、世界恐慌から好景気をもたらすのに一役かったとも解釈されている。このように戦争は「一時的な」好景気を生みだすことがあり、これを目指して戦争が始めることが多くなっているようである。

生き残りたいという本能からくるのが攻撃本能だとされているが、心理学者のフロイドは攻撃本能にはさまざまなタイプがあり、生き残りたいというものとセットになる場合と攻撃本能のみが暴走し単なる破壊行為につながる場合があるとも述べている。

こうしたことからも人間の行動は建設的な行動ばかりではないことがわかるし、そこに何があるのか理解することは難しい。歴史を紐解くとそこにはさまざまな残虐行為が地球上のあらゆる地域で実施されていたことがわかる。そしてそれは侵略による殺戮などにも

相当するし、残念ながらこうした悲しい行動が地球上から完全になくなることはいまだかつて一度もないのである。そのため、過去をきちんと見つめ、考える鎮魂の場としてさまざまな施設があり、アウシュビッツ強制収容所などもこれにあたる。

第3章　出土人骨でわかった弥生人の病気

1．病気とは何か？

　病気というと、多くの人はその不快感を連想させる単語からマイナスのイメージを思い浮かべるかもしれない。しかしこれは、社会における人間のありかたに相関する一面を持つと共に、人類の歴史に深くかかわってきたのである。

　歴史学者のゴードンさんは、病気というものは、ある社会体制の中で生じると同時に社会風潮・政治思想などにも関わると指摘している。すなわち、歴史を変えてきた病気は、その本質から見ても、一つの社会的事象ということになるのである。

　私たち人間は、天然痘や結核など実にさまざまな病気を克服し、不治の病を治療可能なものにしてきた。しかし、病気そのものが減少することはない。

　それは病気の検査技術の進歩によって、病気は広がりを見せており、社会の構造が変化してきているし、現代社会では、また新たな病気が出現したりしているからである。

　このため社会構造とリンクする病気の様相を見ることは、社会様相を別の角度から考察することが可能となる。

　また、過去の社会において存在していた病気を知ることから、かつてどのような病気があってどのような暮らしであったのかを考察

することは自らの生きかたを再考することにもなり、歴史叙述に一歩近づくことが可能となっている。

ちまたでは健康トークや病気自慢に花が咲き、こうした話題は町のいたるところから聞こえてくる。こうしたことと相まって、病に関する研究成果は、現代社会を生きる多くの一般社会人に大いに社会貢献するものである。

すなわち人間の生活の基本である衣食住と密接に絡む病気は、一見、日常生活には何ら関係のないように思える過去の社会を通して、私たち自分自身の体についても考えることになる。そしてそれは、誰もが興味を持っていることであり、生きていくのに無関心ではいられない事柄なのである。

そのため、現在過去を問わず、すなわち病気の痕跡とは、自らの足跡をたどる手がかりの一つであり、自らを客観視できる大変身近は情報源ともなりうるものである。

2．狩猟採集から農耕への変化をみる

人間は、周辺の環境によってその健康状態が大きく左右される動物であり、その人間の病気を考えるということは、個人的な問題だけでなく、その人物が属した集団がかかえた問題を考察していくことでもある。

病気をひきおこす細菌やウイルスたちも、その生存をかけて必死に生きている。もちろん、個々人の免疫や特性によって、その人がなりやすい病気となりにくい病気がある。

だが、その一方で、狩猟採集から農耕へと生業形態が変化するこ

とによって、人びとの生活に変化が生じ、その結果、罹患する病気の種類や頻度が変化することもわかっている。そして、これは、生業形態の変化によって、摂取する栄養素が変化していったことによるとされる。

たとえば、眼窩（眼球の入る孔）や頭蓋骨にみられる骨多孔性変化、および歯科疾患の一つである虫歯の所見は、狩猟採集民においては確認されることが少なく、農耕という新しい生業形態の導入後に確認されるようになったものである。

すなわち、狩猟採集から農耕へと移行することにより、これまで確認されなかった疾患が骨に痕跡として残されることが多くなり、その健康レベルはある意味低下しているといえるだろう。

食生活のこのような大きな転換は、19世紀まで狩猟採集による生活を営んできたオーストラリアの先住民アボリジニにおいても確認されている。

アボリジニは、狩猟採集を実施していた当時においては、もともと無機質やビタミン類が豊富な食事をしてきた。しかし、欧米社会との接触により、油脂や加工食品などを消費する近年の欧米化した食生活へと変化していった。その結果、これまでより、さまざまな疾患に罹患する人が増えたという報告もある。

北アメリカにて調査を行った人類学者のアルメラゴスは、ネイティブ・アメリカンの食性が狩猟採集から農業へと変化していくことで、それまでになかったさまざまな疾患が見られるようになったと指摘しており、これは堅果類や豆類に含まれているフィチン酸等によって鉄分吸収が妨げられ、骨形成時に必要な栄養分が補給でき

ないため、骨病変として所見を呈することとなったと考えられている。

これに対し狩猟採集民は、こうした状況下にあることが少ないため虫歯になる確率が低い。このため、虫歯の出現頻度は、人びとがコメ作りなどの穀物を主な食糧資源とする生活を行うようになると増えると考えられる。

虫歯のみならず、歯の大きさにも栄養状態の良不良は関係している。すなわち、乳歯や永久歯が形成される時期に十分な栄養を摂取できなかった場合、歯のサイズが小さめになってしまうのである。中東シリアに位置するアブ・フレイア遺跡から出土している人骨の調査を実施した人類学者のタニア・モリソンさんは、生業パターンが変化することで、骨関節症の所見が増えたと述べている。

モリソンさんによると農耕を行う集団では、骨関節症の一つである変形性脊椎症をはじめ関節に所見が多く見受けられる。すなわち、耕し、植え付け、収穫するといった一連の作業を人力のみで実施することは非常な労苦を伴う。その結果、骨にまでこうした所見が多く観察されるようになるという。

たとえば、歯冠が形成される時期において栄養障害が生じるとエナメル質がうまく形成されず、溝や線などが形成される疾患がある。これはエナメル質減形成と呼ばれるものであり、離乳期の2-4歳頃、および成長期の11歳〜13歳頃に確認されることが多い。こうした所見は、狩猟採集民に比べて農耕民では数倍の出現頻度となっているという。

15世紀に相当する北アメリカの複数の遺跡を調査した人類学者

のアルメラゴスさんによれば、トウモロコシを主食にしていた集団において本所見の出現頻度が高いことも指摘されている。
では日本列島内ではどうなのだろう。

　歯科疾患についていえば、縄文人における虫歯の出現頻度は、世界各地の他の狩猟採集民に比べるとかなり高い。これは堅果類の摂取が多いことや、食材を粥状にして食べることがあったからではないかとも考えられている。とはいえ、縄文人は、単なる狩猟採集民とは異なると思っていたほうがいいかもしれない。

　一方、弥生時代の虫歯を調べてみると、福岡市の金隈遺跡（弥生前期末〜中期）などのように、虫歯の出現頻度が10％もあって、出現頻度が縄文人の倍まで跳ね上がっている集団がある。

　虫歯以外では、眼窩上板に多孔性の変化が生じる（細かな孔があく）クリブラ・オルビタリアという所見を挙げることができる。この所見も、生業形態が農耕に変化することによって、その出現頻度が高くなり、観察される所見のグレードも高くなる（重症になる）と言われている。実際、金隈遺跡の人骨集団においても、このクリブラ・オルビタリアの出現頻度は28％と高く、所見が著しいものも含まれているのである。

　虫歯はプラークコントロール（歯に付着した歯垢を減らすこと）が十分でない場合に発症し、一方、クリブラ・オルビタリアは代謝性疾患の一つであるため、これらはいずれもそれぞれの人骨が生前に食べていたもの、すなわち食性と密接に関連する病気とみなすこともできる。とはいえ、稲作伝播後の人骨集団の中には、虫歯の出現頻度がそれほど高くない集団も存在している。

図20 山口県土井ヶ浜遺跡出土の虫歯で生前に歯がすべて抜けた人の下顎骨（九州大学総合研究博物館提供）

　たとえば、島根県古浦遺跡（弥生時代前期）や鹿児島県廣田遺跡（弥生後期）では、比較的高齢の個体に虫歯の所見が確認されるのみで、全体としての虫歯の出現頻度は高いとはいえない。また、クリブラ・オルビタリアの所見は未成人個体を中心に観察されるものであり、成人個体全体としての出現頻度は、縄文集団とあまり変わらないという結果が得られている。そのため代謝性疾患の一つであるクリブラ・オルビタリアの出現頻度もやや低めといってよいだろう。

　このような状況から、弥生時代にコメ作りが開始されてからも、遺跡によっては、その食性が縄文時代からほとんど変わっていない地域が存在していたとも考えられるのである。

　もちろん、弥生時代の遺跡といっても、それが前期か中期か後期

かといった時期差のほか、地域差も関係しているだろうし、個々の遺跡の立地も密接に関係すると思われる。が、少なくとも、私が調べた限り、骨病変からは、弥生時代になっても、狩猟採集から農耕への明確な変化を見て取ることはできず、遺跡によってはその食性が大きく変化していない集団も存在していたと考えられるのである。

　そして可能ならば、弥生遺跡出土の人骨における腰椎の変形脊椎症などを調査し、農作業によって、それらが増加していないかどうかを確認したいところである。だが、弥生人骨には遺存状態の不良なものが多いため、残念ながら、今のところ、その様相は把握できてない。しかし、今後、骨の残りの良い人骨集団で出土すれば、この種の疾患から稲作実施以前と以後の、変形性脊椎症の出現頻度の推移を追うことが可能になるだろう。

3．病気になる人、ならない人―DNA―

　同じ環境下にあっても人はそれぞれである。たとえば出生時における体格が非常に小さくとも、成長期にぐんぐん大きくなる人がいればその逆もある。前者のような状況は成長期に十分な栄養が効率よく摂取されれば可能となるのだろうが、病気に関してはなぜその人がその病気になるのかわからないことが多い。

　2003年、ハリウッド女優のアンジョリーナ・ジョリーさんは、乳がんに罹患するリスクが高いことから、予防のために乳房を切除し、話題となった。これは、親族が過去に乳がんで数人死亡しており、遺伝子検査の結果からも、今後、乳がんが発症する確率がかな

り高いと判断されたための処置だった。

　ゲノム解析により、ヒトのDNA配列が決定された結果、蛋白質をつくる指令を出している遺伝子をはじめ、それぞれの遺伝子が何の役割を果たしているのかが明らかになってきた。ただし、いまだに全体の9割以上の遺伝子についてはどのような役割を果たしているのかわからないという。

　しかし今では遺伝子検査に基づいて、このような「予防」を行うこともできる。

　このように、遺伝子検査により罹りやすいとされる疾患をあらかじめ認識し、予防することはある程度可能となってきてはいる。では病気に罹患する要因とは遺伝以外にはどのようなものがあるのだろうか。

　ここで考えておきたいのは、人はなぜ病気になるのかということである。一般的な説に従うなら、病気になる要因は大きく、

　　1．外部の環境
　　2．遺伝
　　3．生活習慣

の三つに分けられる。

　すなわち病気は、この三つの要素が複雑に絡みあって発生するわけで、そのうちのどれか一つだけが原因ということは多くないのかもしれない。

　また、骨に病気の痕跡として残されている所見の中にもそれがなぜ生じるのか、要因がいま一つはっきりしていないものは多い。その一つが、別節でも述べた、眼窩に観察される骨疾患クリブラ・オ

ルビタリアである。

　現代社会では、この病気に罹患している患者がいないため（いるのかもしれないが、死後に解剖して眼窩を観察しないと罹患の有無がわからない）、実は本当のところはよくわかっていない。現在の古病理学では、この病変は

1．穀物偏重の食事による鉄分不足からくる栄養障害
2．感染症疾患などによる鉄分の吸収障害
3．小児期における鉄分需要の拡大からくる栄養障害
4．寄生虫感染などに伴う鉄分の異常喪失
5．以上四つの要因が複雑に絡み合い引きおこされた栄養障害

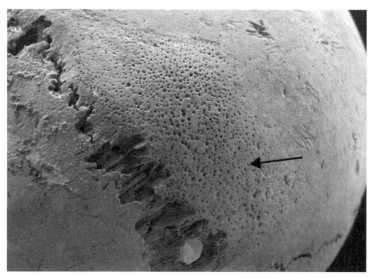

図21　島根県古浦遺跡出土頭頂骨にクリブラ・クラニーの痕跡がある

の五つの要因によって生じると考えられている。すなわち、食生活の変化とも深いかかわりがあるが、その詳細については不明なままである。そしてこの骨病変は、歯に観察されるエナメル質減形成などの骨病変とは異なり、生前の健康状況により形成されたり、治癒して骨病変としてカウントされなくなることもある。そのため、この疾患は、ある特定の集団における健康状態を示す指標の一つともされており、この骨疾患の成因を特定するために、他の疾患との相関関係から考察してみたり、遺伝的な要素との関係をみたり…といった模索が今でも続けられているのである。

　その中でも、クリブラ・オルビタリアの所見は、低顔（彫りが深くえらのはった顔）の人骨よりも、高顔（のっぺりした顔）の人骨において確認されることが多く、遺伝的な要因に関連して形成される「形態小変異」の一つである前頭縫合と相関があることも指摘されつつある。

　ついでにいうと、栄養障害の一種であるエナメル質減形成の場合も、その出現頻度には差があることがわかっている。たとえば、人類学者の澤田純明さんは高顔の渡来系集団と低顔の在来集団とでは本疾患の出現頻度が異なることを指摘している。そして、エナメル質減形成とクリブラ・オルビタリアの出現頻度には相関がなく、両者の成因がそれぞれ異なったものであることは指摘できる。

4．進化と病気について

　進化した新しい携帯……、といっている新製品のコマーシャルを目にすることがあった。

この場合、CM製作者の意図は、改良されて今までよりも良いものですよ、ということを全面的にアピールしているのだろう。しかし、この場合は変革などの用語を用いたほうがしっくりくるし、本来の進化とはこうした意味を持つものではない。

人類学者の長谷川真理子さんが述べているように、進化は遺伝子の変化である。

集団の個体の中で変わり者が現われたり、特定の色を持つものがでてきても、それが遺伝子の進化に基づいたものでなければ進化と呼ぶことはできないのである。そして、進化を引き起こすメカニズムはいくつかあるが、その多くは自然淘汰を基に展開している。すなわち、ダーウィンが述べているように、

1. 生物は生き残るより多くの子どもがうまれる
2. 生物の個体には同じ種に属していてもさまざまな変異がある
3. 変異の中には生存や繁殖に影響を及ぼすものがある
4. 変異の中には親から遺伝するものがある

の四つの条件が整えば、自然淘汰がなされるのである。そのためその生き物がどのような状況で生きているのか、その環境によって状況は変わってくるということになる。

また人間の遺伝子の変異にはさまざまなものがあるが、赤血球の形態を変えてしまうものもある。赤血球は酸素を全身に運ぶという役目を持っているが、赤血球のヘモグロビンを作るタンパク質の一部が変化し、変形した赤血球が作られることがある。これは、鎌状赤血球と呼ばれるもので、酸素がうまく運べないため、その個体は貧血になり、鎌状赤血球貧血症という病気になる。

この鎌状赤血球貧血症の罹患者の中でも、重度の個体は生後間もなく死んでしまうが、それほど深刻でない状況の場合、貧血ではあるが、致命的ではないため、生き残ることはできる。生物は生存し、その子孫を反映させるために健康でより強い個体を多く維持していくことが基本なのだが、こうした弱い個体が生き残るということには何らかの理由があるのだろう。

　実は、この鎌状赤血球貧血症は、マラリア蔓延地域では有利に働く。すなわち、マラリアは蚊が媒介する原虫で正常な赤血球を持っている個体の場合は、致死率が高い。が、ひしゃげた赤血球をある程度持つ軽度の鎌状赤血球貧血症の個体の場合は、マラリアで死ぬ確率が低くなり、マラリア蔓延地域ではこうした状況にある個体が全体の4割を占める地域も確認されているのである。

　要するに生態学的条件によって特定の地域では状況が変わっており、すなわち進化とは一見マイナスのように見えてもその個体が集団として生存し、繁殖していくために必要な自然淘汰を基に展開し、変化していくものとも言えるのだろう。

　また、この鎌状赤血球貧血症の個体は、先述したクリブラ・オルビタリアの成因の2、すなわち感染症疾患などによる鉄分の吸収障害と同様の所見が呈されることが多く、こうした個体にはクリブラ・オルビタリアの所見が観察されることがあるという。

5．感染症の起源―ヒトの移動がもたらした病気―

　人の生活と切っても切れない厄介なものに病がある。またその中でも人から人、場合によっては他の動物から人へと感染する感染症

の歴史をみることによって当時の人びとの生活様相の一端をみることができる。現代社会は移動距離が早く長くなった。そのためさまざまな感染症が拡散するチャンスが多い社会である。その中でも結核という感染症は数千年前にはすでに存在していたという歴史の長いものであり、現在でもWHOの推計によると、世界人口の約三分の一にあたる20億人が結核に感染し、300万人（うち30万人は15歳未満の子供たち）が死亡しているという。また日本でもかつて10代〜20代の成年層の300人に1人が結核で死亡しており、最近では多くの感染症は高齢者となっている。このように歴史の古い感染症の一つである結核は弥生時代に日本列島にもたらされたのである。

　人の移動に伴って、さまざまな文物がもたらされ、技術は時として進展する。こうした人間の交流は、さまざまな面で、人びとの暮らしに潤いをもたらしてきた。しかし、このような交流が生み出すのはプラスの側面ばかりではない。

　たとえば、人がふえることによる利害の絡み合いによって生じる諍いなど、マイナスの側面もみてとることができる。そしてもう一つ、人の移動によって、もたらされるマイナス面として感染症などの疾患をあげることができる。

　エボラ出血熱など、現代社会においても感染症の拡散は後をたたない。また、異なる集団が移住してくれば、彼らがもたらす病気に全く免疫のない人びとが容易に罹患し、その結果、深刻な状態が生じるということも過去には少なくなかった。その一つとして挙げられるのが結核である。

結核は結核菌という細菌が引きおこす感染症であり、結核患者が咳をすることで結核菌が空気中にまき散らされ、空中に浮いている菌を他の人が吸い込むことによって感染する。そしてこの病気に、免疫のない人間が感染するとイチコロであり、すなわち骨に結核の所見を残す間もなく、あっけなく死亡してしまう。

　縄文時代後期より北部九州では大陸との交流があったことは先述したように明らかであるが、残念ながら縄文時代人骨には結核の所見を持つ個体は1体も出土していないし、そして北部九州から出土する弥生人の個体にも結核に罹患していた痕跡を示すものは1体も出土していない。

　日本で最も古い結核の所見を持つ個体は、鳥取県鳥取市の青谷上寺地遺跡（弥生時代中期〜後期）から出土している。この遺跡からは結核の所見を持つ個体は合計2例出土しており、これらはいずれも脊椎に結核の所見を持つ、いわゆる亀背の状態にあるものである。亀背になったこの資料では、椎体部に結核菌が侵入し、その結果椎体が本来の形状を保つことができず癒合している。このような所見を持つ個体は、結核の症状としてはかなり末期のものにあたる。すなわち、こうした状態では背骨をまともに曲げることができず、加えて激しい痛みを伴うものであったことがわかるのである。

　韓半島南部においても、靭島遺跡出土人骨から脊椎椎体部に結核の所見が観察される個体が1体出土している。これは青谷上寺地遺跡とほぼ同じ時期のものと考えられており、研究者の間では両者の関連性についてもさまざまな考察がなされている。

　日本列島では、弥生時代において結核の所見を持つ個体はこの青

第3章 出土人骨でわかった弥生人の病気 85

図22 鳥取県青谷上寺地遺跡から出土した結核の跡が残る人骨（鳥取県埋蔵文化財センター提供）

谷上寺地遺跡出土例のみだが、古墳時代になると、結核の所見を持つ個体は8例とぐっと多くなってくる。そのため数百年をかけて、結核菌がじわじわと日本列島に拡散していったことがわかる。

ちなみに結核は中国では漢代（紀元前200年頃）の女性遺体（骨だけでなく軟組織を含むもの）において肺結核の所見が報告されている。このように、相次いで確認された結核の所見は、当時の東アジア地域において、結核の流行に関与する疫学的な条件、すなわち人口増加、社会的混乱による人口移動などが整い、広範囲にわたって本疾患が拡散していった可能性を示唆しているのであろう。

6．日本列島の結核はどこから？──勒島遺跡出土の人骨──

勒島遺跡は、朝鮮半島の南部、韓国慶尚南道泗川市の勒島洞にあ

る。釜山から西へ90km。現在は漁業が主産業となっているこの遺跡の周辺は、干満の差が激しいために潮の流れが速い。そして海流などを利用しつつ、この島のくびれた真ん中の湾では古くから、交易が実施されていた。この遺跡は、日本の弥生時代中期に相当する時期のものであり、韓半島をはじめ、各地からもたらされたさまざまな遺物が出土している。

出土遺物としては、須玖Ⅰ式・Ⅱ式などの弥生土器や鹿角製アワビオコシなど北部九州系の漁撈具、韓半島北部の楽浪土器（紀元前1世紀頃のもの）もある。また、半両銭（晋〜前漢の貨幣）や、剣や刀子などの鉄製品も見つかっている。

遺構としては住居址や貝塚のほか、島の東南部に位置する海岸沿いの斜面からは土壙・甕棺・石棺墓などさまざまな形態の墓が確認される墓地があり、約70基の土壙と甕棺墓から約100体の人骨が出土している。

この遺跡から出土する被葬者は、未成人骨が全体の7割と非常に多くなっている。埋葬の仕方は、新生児を中心に未成人骨の約半数は甕棺墓に、その他は土壙にという区分が行われていたようである。そして、この中でも成人用の大形の甕棺は、日本の弥生時代中期に相当するものであり、日本から人が直接やってきたことを推測されるものでもあるという。

上顎と下顎の歯が残る成人16体について抜歯の有無を確認したところ、抜歯を施行している2人の女性人骨（31号・35号）では、上顎の左右の犬歯が抜かれていることが明らかにされている。

人類学者の小片保さんによると、このように上顎の左右の犬歯を

第3章 出土人骨でわかった弥生人の病気 87

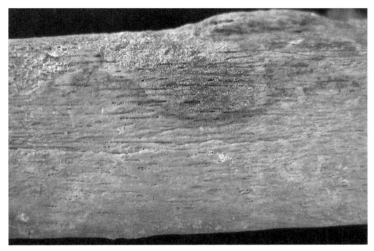

図23 島根県古浦遺跡出土脛骨骨幹前面に骨膜炎の跡が残る人骨(九州大学総合研究資料館収蔵)

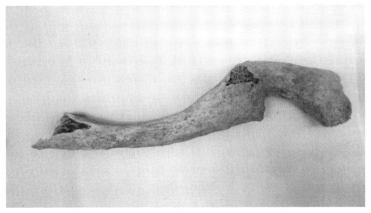

図24 福岡県隈・西小田遺跡出土側肋骨骨幹に変形治癒骨折の跡が残る人骨(筑紫野市立歴史博物館収蔵)

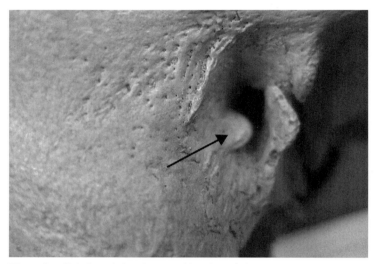

図25 山口県土井ヶ浜遺跡出土の側外耳道の骨腫の痕跡がある人骨（九州大学総合研究博物館収蔵）

抜く抜歯は、一部の地域を除いて、日本列島では、弥生時代の中期以降は確認されておらず、縄文人骨のものと異なっていることなども指摘されている。顔面頭蓋骨の形態で見た場合の勒島人骨は、高顔の様相を呈しており、縄文的な要素は見当たらない。そのため、北部九州や山陰地域の渡来系弥生人により類するものと考察されている。しかし小片さんは、勒島集団の形質は渡来系弥生人とも、在来系弥生人とも異なり、両者の中間に位置すると指摘している。また、昨今新たに調査を実施した人類学者の藤田尚さんの調査によれば、この人骨集団においてはバリエーションが大きく、さまざまな系統が混在（混血）している可能性があるとの指摘もある。

一方、虫歯の出現頻度についても、藤田尚さんが観察結果を発表しており、6.6％とやや低めの数値を示している。またこれらは、歯の歯根部で多く観察されており、ちなみに、このような虫歯は、現代社会では高齢者によくみられるものである。

　またこの遺跡からは結核に罹患している個体が出土しており、注目されている。この罹患個体では、結核特有の椎体がつぶれて癒合した状態を呈している。そのため、全体に背骨そのものが前方に向かって傾斜している。

　この遺跡は時期的には、鳥取県青谷上寺地遺跡とはやや前後する時期には当たるが、交流があったことを示す土器などの資料も伴っていることから、大陸から日本列島への結核の移動基点の一つが勒島遺跡と考えられるのである。勒島における結核所見は、韓半島と北部九州のみならず、山陰の地域とも交流があった可能性を示唆する貴重な資料ともなっているのである。

7．パウンドリー遺跡の場合

　人の移動によって病気が増えるのは、なにも東アジアの一部の地域に限ったことではない。弥生時代とほぼ同じ頃に相当するイギリスの遺跡をみてみよう。

　ブリテン島にローマ軍が侵攻した前後、英国では多くの共同墓地が築かれている。こうした遺跡から出土する人骨の多くは男性であり、その比率は女性の約２倍となっている。これは、ローマ軍の侵攻に伴って生じた諍いによって死亡した人たちが埋葬された結果と考えられている。

その後も続くローマの侵攻に伴い、ブリテン島には、さまざまな文物がもたらされ、人の行き来も盛んになる。その結果、骨病変として残る病気の痕跡も増えることになったのである。

たとえば、ブリテン島南西部のドーセットに位置するパウンドリー遺跡(紀元1〜3世紀)では、ローマ人がこの地に渡来してきた当時とそこに腰をおちつけて生活していったさまが見て取れる。すなわちこの地に当初、ローマ人は砦としてこの地に野営する形態でやってきたが、その後人口を増やし、墓地の他、数多くの住居址も形成するに至っている。

発掘調査を実施したドーセット自然史考古学協会によれば、住居址に隣接するゴミ捨て場とされる遺構からはヒツジやヤギなどの家畜のほか、淡水魚の骨や植物の種子なども検出され、彼らの食性の一端が復元できている。またこのほか、ブリテン島にワインやオリーブなどのローマ人が好む食材が持ち込まれていたことも明らかにされている。

この遺跡の一部である墓地からは、796体の成人個体と404体の未成人個体の人骨が出土している。墓地はその配置によって細かく分けられてはいるが、墓地群の中には社会的階層の高い個体も含まれており、埋葬形態により大きく二つに分けられている。

パウンドリー遺跡では、青谷上寺地遺跡などと同じく、結核が見つかっている。鑑定を実施した古病理学者のマリー・レビスさんによれば、結核の所見を持つ人骨は、17歳以下の未成人骨165体中2体のみであるという。このほか肋骨などに結核とみられる痕跡が残されている個体が約10体確認されているため、この当時の実際

の結核罹患率は予想以上に高かったと考えられている。

　結核がブリテン島にいつもたらされたのかはよくわかっていない。しかし、パウンドリー遺跡より古い段階では結核に罹患している個体は出土しておらず、出土人骨からみる限り、少なくとも2世紀頃には大流行していた可能性が高いだろう。

　結核に限らず、新たな感染症は、それに初めて触れる集団には激甚な被害をもたらすものである。そのような場合、多くは骨に感染症の痕跡を残す間もなく、罹患するとすぐに死に至る。言い換えれば、結核の所見が骨に残されるようになるためには、罹患した人物と所属集団に、その病気に対するある程度の免疫がなければならず、そのような状態に至るまでには、ある程度の時間が必要なのである。

8．パラドックスと健康

　古病理学は、過去に存在していた病気を知ることから過去の人間がどのような暮らしをし、当時の社会がどんな様相だったのかを知ろうとする学問である。古病理学では基本的には骨に残された病気を扱うが、骨病変として示される所見から、過去の病気の具体的な姿を文献によることなく、直接確認するため、予想外に多くの情報をそこから引き出すことが可能な場合がある。

　しかしその一方で、骨の疾病として現れた病気は、その人が罹患した病気のほんの一部に過ぎず、その人物が罹患したすべての疾患を表すわけではないことも、また忘れてはならない。

　これは、人体の骨のみを研究対象とするため、提示される情報にはおのずから制約があることにもよるのだが、骨に病気の所見を残

さないものや、骨に病気の痕跡を残す前にその個体が亡くなってしまったために、罹患していたはずの病気が骨病変として現れるまでには至らない場合もあるからである。

現在の古病理学の研究レベルでは、骨に残るあらゆる病気の要因をきちんと確認することは残念ながら不可能である。それを行うためには、生前の病歴があきらかな遺体を解剖してその骨を観察し、病歴と骨に残る痕跡との関連性を探って、そのデータを蓄積していく必要があるからである。

たとえば、結核などの感染症の場合には、それらが骨に痕跡が残されるようになるまでには少し時間がかかる。そして、結核罹患者の中でも骨にまで痕跡を残していない人間の方が、痕跡を残す人間よりもずっと多い。すなわち、結核の個体が２例検出されたら、少なくともその数倍は患者がいたことを想定しておく必要がある。

そのため、現状では、結核の個体は弥生時代では鳥取県青谷上寺地遺跡からのみ出土しているが、この時期よりも早い段階に結核患者が存在し、山陰以外の他の地域でも結核に罹患していた人がいたと推測されるのである。このように、痕跡として残るものがたまたま出土していないだけで、それら以外にも同じ病気にかかっていた人間がいたということを、私たちは認識しておかなければならない。

以上のことを要約すると、骨病変のみで過去の集団の健康状態を考察した場合には、実際よりも良好な健康状態とし考えてしまう可能性が高い。これを古病理学者たちは「古病理学的逆説」（パラドックス）と呼んでいる。

中でも、病気にかかった人が乳幼児だった場合には、骨に所見を

残す前に死亡してしまうケースが多く、さらに子どもの骨は小さくて薄いため、遺跡から出土する機会が少ない。このような場合には、自動的に骨病変の数は少なくなってしまうことになる。

　また、繰り返しになるが、脚気のように骨に所見を残さない病気も少なくない。また、かりに病気がいくら進行していても、のちの世には、病気が存在していた痕跡すら残されないケースもあるのである。

　このため古病理学では、このように骨に所見として残されない病変が多々存在することを頭に入れ、それらが見えない結果として存在していることを認識しながら研究を進めていくことになる。

第4章 弥生人はコメを食べていたのか？

1．コメ作りによって

 それでは大陸からもたらされた稲作技術の浸透によって、社会はどのようにかわっていったのだろうか。
コメを作るには、そのための道具が必要である。では遺跡から出土する農具はというと、

　　1．土を耕すための鋤や鍬
　　2．収穫するための石包丁や鎌
　　3．脱穀するための臼や竪杵
　　4．収穫物を保管するための壺

に大きく分けられる。

 弥生時代の遺跡をみると、稲作の伝播に伴って、作業を実施するのに必要な道具が徐々にそろってくる様子がわかる。すなわち、まず土を耕し、水をはって、稲を植え、育て、最後に収穫するのであるが、その水田の規模は、大きなものから小さなものまであることが、各地の発掘調査の結果、明らかになってきている。

 たとえば、佐賀県唐津市の菜畑遺跡のような初期水田は小規模なものだが、水田は徐々に大きくなっていき、徳島県徳島市庄・蔵本遺跡（弥生前期）などのように、発掘現場で思わぬ規模の遺構を検出することもあるのである。

図26 弥生時代のさまざまな農具（出雲市提供）島根県海上遺跡から出土した田舟、田下駄、杵、横槌、鍬。

　稲を収穫する際は、石包丁が用いられ、収穫をしたコメは脱穀し、壺に入れて蓄える。このように、育成のための一連の作業ののち、刈り取った稲穂からコメ粒を取り出し、人びとが実際に食べるまでには、多大な労働力が必要なのである。

　すなわち本格的なコメ作りは、一人では不可能な作業であり、ある程度のグループの人びとが協力して力を合わせないと推進できない。そしてそこには、縄文時代とは違った労働のあり方と社会構造があったと推測されるのである。

　農作業を経験したことのある人なら、コメ作りがかなりの重労働であることは理解できるだろう。弥生中期以降、鉄製農具が普及し、石包丁が鎌にかわるなどして、農作業の効率は良くなるものの、そ

れでも当時の農作業はかなり大変であったであろう。なぜなら、それは彼らが機械の力をまったく借りず、少ない道具と人力のみで作業をしていたからだ。

　一般に、弥生時代中期後半以降の集落の急激な増加は、鉄製農耕具の出現やその普及と関連づけて考えられている。佐賀県の吉野ヶ里遺跡などでは、時期が下るにつれて集落が拡大していき、墓や遺構などから、社会の「階層化」がうかがえる。コメ作りが始まったことで、弥生社会は少しずつ変化していったのであろう。

　そのため、考古学者の藤尾慎一郎さんは、コメ作りが始まり、人びとがコメをたべるようになったという事実より、コメ作りの開始によって、当時の社会的・経済的・祭祀的価値が変容していったことを重視しているのである。

　すなわち、縄文時代の栽培は全体に小規模で、弥生時代のように、水田耕作をメインに位置づけた大規模なものではない。同時に、縄文時代においては、それを支えるだけの生活・社会システムも形成されていないと考えるのである。

　さらに藤尾さんは、北部九州では、縄文後期後半～縄文晩期後半にかけて、土器の器種や石器の組み合わせが大きく変容していることをも指摘しており、縄文時代から弥生時代にかけての生業の変化は、短い間に行われたものではないと述べているのである。

2．コメ作りは重労働

　普段、私たちは何げなくコメを食べている。しかし、実は、コメ作りというのは本当に手間がかかるものである。そしてこの作業を

機械に頼ることなく、すべてを人力で行ってきた先人の方々には本当に頭が下がる。

　機械化が進んだ現代農業においても、コメ作りに関しては、中腰の姿勢で行う作業が多く、そのため腰には大きな負担がかかる。こうしたことから、農業に従事する人の間では、背骨やその他の下肢の骨における関節面に骨病変として提示される所見が確認されることが多い。この所見の中でも背骨に見られるものを骨関節症の中でも特に「変形性脊椎症」という。

　医者の大谷晃司さんは、前かがみの姿勢をとると、椎間板に大きな圧力がかかることを指摘している。実際、圧力センサーを使って椎間板に加わる圧力を調べたところ、体重 72 kg の男性が直立している場合には、椎間板にかかる負荷が 66 kg であるのに対して、前かがみの姿勢をとると、その負荷は 235 kg にも達しているという。

　このように腰に多大な負担がかかるのは、前かがみになることによって、体が前に倒れるのを防ぐために背筋が強く引っ張られるからである。また、このような負荷は椎間板だけでなく、椎体（体を支える円柱状の部分）にもかかり結果として椎体辺縁には骨棘が形成される。その結果、変形性脊椎症という所見が骨に残ることになる。

　古病理学の研究分野においても、農耕の本格的な開始以降、腰などに生じる骨関節症の出現頻度が高くなるとこれまで指摘されてきた。

　たとえば中東シリアのアブ・フレイア遺跡（11000 年前）では、骨関節症の所見が著しいものが多く、その出現頻度そのものも高い

と推測されている。これは農作業の際、中腰や前かがみ姿勢を多くとっていたからだとされるのである。

　労働時間の少ないアフリカの狩猟採集民は、作物の栽培に類する行為をほとんど行っていないが、栄養価の高いクリ・クルミなどの植物を食べているため、栄養的には過不足はない。要するに、これ以上働かなくてもやっていけるのである。これは総労働時間にも表れており、次のようなデータもある。

　たとえば、文化人類学者のマルコム・グラッドウェルさんは、コメ作りを行う民族の年間労働時間が約3000時間にも及ぶのに対し、狩猟採集を生業にしているアフリカの狩猟採集民では、その労働時間が長くても約1000時間であることを指摘している。

　このように、コメ作り集団では働かねば食べていけない状況下にあるのだが、それは、このように手間がかかる作業をして、必死に重労働を進めていくに値するほど「コメ」という食材が魅力あるものであったためでもあるだろう。

　弥生人骨の場合、背骨やその他の関節面の遺存状態が良好なものはそれほど多くないため、出現頻度等の議論がしづらい状況にある。が、症状の程度や出現頻度などはコメ作りの開始により、つらい姿勢での長時間に及ぶ作業は彼らの体に著しい所見を残すことになっていったに違いない。

3．コメは私たちに何をもたらしたか？

　コメ作りの開始により、私たちは何を得たのだろうかというと、それは安定した食料の確保であろう。また、コメは実のところ小麦

とほぼ同時期に作られはじめてはいるのだが、その生産にはコメほどのエネルギーを注いでいない。そのため、このコメという食材が特別視されていたことは明らかである。

そして農耕の開始により、その食性が大きく変わり、一般には骨病変として観察される所見が多くなることはよく知られている。しかし、この状況をすんなり示さないのが日本列島における農耕開始前後の様相である。

それは日本列島に暮らしていた人びとが、もともとそこそこの澱粉質の食材を利用していたこととも無関係ではないが、澱粉主体の食材であるコメがもつ特性に由来するものであったとも考えられるのではないだろうか。

栄養面で見ると、コメは麦に比して植物性蛋白質やビタミン・ミネラルが多くなっている。またコメの場合、食物繊維が麦より少なく、白米に麦を混ぜると血糖値やコレステロールが下がるという研究成果も提示されており、同じ澱粉質の食べ物といっても両者の様相は微妙に異なる。すなわち、麦よりもコメのほうが栄養面で優れており、その栄養を吸収しやすいといえるのである。

また先述したように、北アメリカでは食性が蛋白質から澱粉質の食材へと変化していくことにより骨病変として観察される個体が多くなるが、この場合の澱粉質の食材はトウモロコシであり、栄養価としてはコメや麦よりも不足している要素が多く、骨病変の出現頻度の高さはこうした要素を反映したものとも考えられるだろう。

骨多孔性変化の一つであるクリブラ・クラニーという所見がある。この所見は、頭蓋骨の一部が極度に肥厚し、強い貧血の症状を

呈する痕跡とされており、これは、サラセミアなどの遺伝性疾患の可能性が高く、農耕の開始に伴い増える所見の一つとされている。

　先述した古浦集団においても、本所見は確認されてはいるが、本所見の出現頻度が弥生時代になってから特に高くなっているかというと、そこまでのことは言える状況にはない。すなわち農耕開始とリンクするとされる所見の出現頻度は、日本における出土例に関して一様に高くなっているかというかというとそこはなかなか微妙なのである。

　そして、でんぷん質の食材の中では栄養価が高く、その吸収率も高いコメは中東などの農耕とは異なる様相を呈し、重視されていったようである。

4．神格化されてきたコメ

　2014年6月、東京・六本木のミッドタウンで開催された「コメ展」に行ってきた。この展覧会はコメに対する理解と位置付けを再確認することを目的とし、21_21　DESIGN SIGHT及び（財）三宅一生デザイン文化財団が主催したもので、コメをめぐるアート、実用作物としてのコメ、日本人とコメとの関わりについて語った意欲的な展示が印象的だった。

　そして、コメ粒だけでなく、藁など食材として使用する部分以外でも何も捨てるところのないコメの重要性について、またコメという食材が日本人にとっていかに本質的な食物であるかが示されていた。

「コメの中には7人の神様がいらっしゃるから粗末にしてはいけな

い」と子どもの頃、言われたことがなかっただろうか。どのような食べ物でも粗末にしてはならないし、大切にしないといけない。だが、コメ以外の食べ物ではそのようなことは言われたことはないし、聞いたこともない。コメはどうやら私たち日本人にとって特別な食べ物であるらしい。

　長期間の保存が可能であり、腹持ちが良く栄養面でも優れていることから、アジアの多くの国々では、コメを食べる。しかし、コメを非常に特別なものとしているのは日本人の特徴といってもよいかもしれない。

　歴史学者の原田信男さんが述べているように、聖なるコメの背景には宗教的な要素があったのだろう。それは各種の神事や祭りの際に供物として、コメがお神酒や塩と共にささげられるという仏教や神道などの宗教的な要因が含まれていることからも理解できるのである。しかしこうした宗教的な意味などは後々加味されたものであり、弥生時代にはこのような価値観は存在していなかったと考えられる。

　食の欧米化により、肥満や高血圧になる人が増え、現代社会は今までとは違った病気の体系を示すようになった。パン食の定着には学校給食なども一役をかったが、今の70代の人びとにはパンとほとんど縁がない人が多く、これは戦後の食べ物だという人もいる。しかし、パンを作るための主原料となる小麦は、コメとほぼ同時期に日本列島にもたらされており、小麦粉そのものの歴史は長く、そうめんやうどんの原料となってきた。しかし、こうしたメニューが主食とされていたかというとそうではなく、コメの代わりに食べる

ものと考えられることが多かったのではないだろうか。

　もっとも弥生時代に主食という概念があったかどうかわからないし、現代においても主食となる食材を持たず、栄養素とその地域ごとの植生によって食べ物を選択している地域もある。

　こうした中でもコメが確かに作られ、貯蔵しながら大切に食べられるようになったのは弥生時代の開始前後である。そして繰り返しになるが、コメ作りを通して、その生産に欠かせない集団としての共同作業が実施され、社会が変化していったということは弥生社会の進展につながっている。

　日本列島に居住していた人びとは、もともと澱粉質の食べ物を摂取することが多かったため、条件さえ整えば、毎年決まったある程度の収穫量を挙げることができるコメが導入された後、浸透しやすかったのかもしれない。そして保存性に優れたコメは、財として蓄えられ、のちには税として納める制度も整っていくのである。

5．コメ作りの様相

　人間には衣食住という暮らしに欠かせないものがあるが、この中でも最重要項目が「食」である。すなわち、生命の維持に欠かせない重要な事柄である食料の確保は何をおいても欠かすことができないのである。

　日本人にとってコメが主食となったのはどの時期からであろうか。主食は、その環境によって地域ごとに異なるが、安定して収穫することができ、エネルギー源となる成分が多く含まれていなければならない。コメは澱粉のほか、さまざまな栄養素を含んでおり、

その保存性は優れている。

　古米や古古米などは確かに味がおちる。しかし風通しのいいところに、籾の状態で保管しておけば10年以上保存可能なすぐれた食材である。

　安定した確実な食料を得るため、堅果類の保存は縄文時代においても実施されており、トチノミやドングリなどが、貯蔵穴からそのままの状態で出土することもある。こうした保存のきく食材の確保は、多ければ多いほどよいし、種類も豊富であればいいこともいうまでない。

　こうした状況下でコメが大陸からやってきたとしたら、当時の人びとが受け入れたとしても不思議はないだろう。しかし、生業をコメ作りへと即座に切り替え、コメに依存して生計を立てていたとは考えにくい。

　すなわち、コメの場合は、自然災害によって収穫量が大幅に減少してしまうこともあるし、コメ作りに適さない地形を呈している地域もあると思われる。

　またコメ作りの技術やコメの品種改良などは当時できていたとは考えにくいので、地域によってはコメ作りを実施しない所もあったであろう。以上のことから、これまでの食材にプラスアルファという形、すなわち今までの食材プラス、コメという食糧利用の図式を描くことができるのではないだろうか。

　たとえば、初期の農耕社会を営んでいた長江流域の水田地帯の遺跡から多くの魚骨がみつかることから、考古学者の甲元眞之さんは、魚のたんぱく質に依存する農耕類型が存在していたことを指摘して

おり、稲作の収穫量のみに依拠していなかったことと指摘しているし、福岡県糸島市の御床松原遺跡（弥生中期〜古墳前期）のような事例もある。

　この遺跡は引津湾に面した砂丘上に立地しており、竪穴住居址が百棟ほど検出されているが、石包丁の出土数は少なく、釣針・ヤス・アワビオコシ状鉄器漁撈具が多く出土している。このほか、佐賀県唐津市大友遺跡など、魚介類に依存した農耕に頼らない漁撈集団と目される事例も確認されているのである。

　すなわち、コメ作りの様相は地形などによって実にさまざまであり、今見られるような見渡すような水田の形成はどの時期でも、そして地域でも実施されていたわけではなかったことを頭の隅に置いておく必要がある。

6．コメの収穫量と実際に食べていた量

　現在、一反あたりのコメの収穫量は、400 kg。日本人が最もコメをたくさん食べたとされる明治時代には 180 kg（明治 20 年：1887 年）であり、この当時においては、コメは一人の人間が摂取する食べ物全体の 70% を占めていた。では、弥生時代では、コメの収穫量はどのくらいだったのだろうか。

　育種遺伝学者の佐藤洋一郎さんは、化学肥料などを使わず土壌に負担をかけない状態では、一反当たりの収穫量は約 200 kg とみている。またこの数値は、考古学者の寺澤薫さんが、登呂遺跡において復元水田で収穫した収穫量と偶然にもほぼ一致している。

　寺澤薫さんは、佐賀県吉野ヶ里遺跡や奈良県唐古遺跡などの場合、

一反当たりの収穫量を 60 kg と推定している。この数値は、奈良時代における収穫量の低い下田における一反当たりの収穫量とほぼ同じとなる。

　初期の水田は、佐賀県の菜畑(なばたけ)遺跡で見つかっているが、その規模は 1 区画が 4×7 m 程度と小さい。そのため、稲作を実施し始めた頃には、その収穫量は古代の下田ほどの収穫量もなかったと推される。

　明治時代の詩人で農業家の宮澤賢治さんは、
　　一日ニ玄米四合ト味噌ト少シノ野菜ヲタベ、（4 合は 260 g）
と記している。

　文化人類学者の石毛直道さんによれば、日本人はもともと雑穀米を食べてきた民族だという。すなわち、大多数の日本人がコメを食

図27　福岡県菜畑遺跡から出土した規模の小さな初期水田（復元遺構）

第 4 章　弥生人はコメを食べていたのか？　107

べるようになったのは明治時代以降のことであり、私たちがイメージする水田が広がる景観は、室町時代からだといわれている。

またこうした中でも明治時代から昭和時代の中頃にかけての日本人のコメ消費量は高く、みなたくさんのコメを食べていた。すなわち、私たちがイメージするように主食としてコメが食べられるようになったのはごく最近のことである。

また、調べてみると今の私たちもそれほどたくさんのコメを食べていないことに気づく。実際、私たちがどのくらいコメを食べているかというと、意外に少ないのである。

ある講義中、大学60人に「一日にどのくらいおコメを食べますか？」
と質問すると、一日お茶碗2杯食べる人が最も多く、全体の半数以上(60人中37人)、一日1杯しか食べないという人はその半分の16人であった。

すなわち現代日本人の多くの人は、一日に一合かそれ以下しかコメを食べないということなる。また、1940〜50（昭和15〜25）年にかけては、コメの増量材として国民一人あたり1日50〜70ｇの大麦をたべていたし、1979（昭和54）年にはなって増量材が2ｇに減り、やっと白米が中心となったという。

さらに、経済学者の森本厚吉さんは、次のように述べている。1950〜60（昭和25〜35）年代にはコメが摂取している食べ物全体の70％以上であったのに対して、これ以降、コメに依存する率が低下していき、小麦粉やそのほかの副食を摂取する割合が高くなっていった。

このようにコメの摂取割合がどんどん低下していった背景には、

食の欧米化があると結論付けられている。が、私たちは要するにおかず食いになってコメを食べなくなってしまった。つまり、一番たくさんコメを食べていた時期を除いて、私たち日本人は思っているほどコメを食べてこなかったのである。

　先述したように初期の水田の総面積は1区画が4×7m程度と小さく、すべてのコメが収穫できたとしても、その集落で生活している人びとの主な食糧として賄うことは難しい。

　そのため、寺澤薫さんなどが述べているように、弥生時代における一人一日あたりのコメの消費量は多く見積もっても、せいぜい一合前後程度であろうとみなされるのである。

　弥生時代は自然環境を破壊することなく、沖積平野などに水田をつくり、その近辺の低い台地上に集落を営み、背後の丘陵から山にかけての森林から生活に必要な物資を得ていた時代と考えられる。考古学者の若狭徹さんは、こうした自然環境に手を加えていき弥生時代の次の時代である古墳時代になると土地開発が大幅に進み、その様相は大きく変わると述べている。そして今のような水田風景が見られるようになるのは室町時代からと分析している。

7．コメ作りが遅れたのは

　弥生時代になると、種籾の貯蔵用と考えられる大形の壺がみられるようになる。大陸からもたらされたコメ作りは、当時の先進地域である北部九州では、大陸との交流も早い段階から盛んであり、早い段階から実施されていたであろう。

　たとえば、福岡から釜山までは飛行機では一時間弱である。この

2地点の距離は、パスポートを出す意味がわからないくらい近く、逆に東京までの方が遠く感じられる。また、この地域の弥生時代や古墳時代の研究には韓国の資料との比較が必須であるため、研究者の多くは遠く離れた関東よりも韓国南部を見据えて研究を進めているようである。

世界最古のコメ作りの痕跡は、中国長江下流域に位置する河姆渡(かぼと)遺跡(約6000年前)で見つかっている。この遺跡からは100 t以上の稲や、コメ作りに必要な木製の柄を付けた鋤先が数百点も出土している。そのためこの時期に、ここではすでにコメ作りが盛んに実施されていたことがわかる。

ここではコメはもともと沼地で自生しており、これを栽培種として改良していったと考えられている。そして、コメ作りという食糧生産は、安定した食料を確保できる手段の一つとして、こののち中国国内だけでなく、韓半島・日本にまで広がっていくことはよく知られている。

コメ作りに必要な道具としては、田を耕すための鋤・鍬と稲を刈り取るための鎌などが必要となってくるのだが、日本ではコメ作りの初期段階から北部九州などでは、鎌の代わりに当初は石包丁(形態に起因して名冥されているが、包丁ではない)などが使われて、コメ作りに必要な道具がそろっている。また収穫したコメを貯蔵しておくための大きな壺も、山口県の綾羅木郷(あやらぎごう)遺跡などで炭化米と共に出土している。このように弥生時代の早い段階からコメ作りの実施を検証するための資料はそろっている。しかしコメ作りの需要には時期差や地域差があり、一様ではない。

考古学者の下條信行さんは、北部九州に伝わったコメ作りは瀬戸内から近畿地方へと広がっていったが、より高度な技術は時期がずれた遠賀川式土器の時期に第二波として再びもたらされた可能性を指摘している。

　東日本では、遠賀川式土器及び遠賀川系土器が出土している地域では、早い段階から水田址が検出されている。たとえば、青森県の砂沢遺跡では前期から水田址が確認できるのに対して、関東でこうした遺構が見つかるようになるのは、中期になってからである。このようにコメ作りの導入は、関東では遺構や遺物から見ると、東北よりも遅れてしまう。

　では、コメ作りの導入が遅れたのはなぜだろうか。当時の最先端地域から遠いからということだけでは説明がつかない。

　弥生時代以降、コメ作りにより社会形成がなされたが、その様相は西日本と東日本とでは異なっている。たとえば、関東ではこうした生業形態の導入がかなり遅れており、弥生時代研究の中心は北部九州や畿内を中心とした西日本と考えられることが多かった。

　しかし本当にそうだろうか。たとえば、西日本各地においてもコメ作りを行っている地域と行っていない地域が混在しており、貯蔵穴は中期以降に消滅してはいくものの、それ以前の貯蔵穴の中にはドングリが、コメ以上に主要な位置を占めている遺跡もある。そのため、その様相は西だから東だからということでは一概には語れない状況にあるのである。

　さらに、コメ作りを行っている地域においても豊作の年もあれば不作の年もあるだろうし、食性の分析結果（11節参照）が示して

第4章　弥生人はコメを食べていたのか？　111

いるようにコメ作りによって収穫できたコメに依存する割合はそれほど高くなかったのではないかとも考えられるからである。

　そして、漁撈形態なども弥生時代ならでは特性を提示できる場合がある。たとえば、動物考古学者の樋泉岳二さんは、遺跡から出土する魚骨や漁撈具から、弥生時代における漁撈形態を①縄文的内湾漁撈の衰退と瀬戸内海東部を中心とした新たな内湾漁撈の開始（大陸伝来の管状土錘を用いた網漁や蛸壺漁）、②東日本太平洋岸と西北九州における縄文系漁撈民の外洋漁撈への特化と拡散、③水田開発に伴って発展した淡水漁撈、の三つに分け、当時の漁撈は縄文時代のものよりも多様で複雑な様相を呈するようになると述べている。

　こうしたことから、中でも東京湾沿岸地域などでは、宮ノ台式・久ヶ原式の土器が用いられる中期及び後期の時期では、住居址内の貝層を含め、場合によっては周溝内に小さな貝層を形成し、縄文時代とは異なる採集形態及び漁撈活動が提示されていたのではないかと考察しているのである。

　宮ノ台式期においては南関東地域では環濠集落や方形周溝墓といった西日本の影響を色濃く受けた遺構が確認でき、関東地方では明らかに外部からの影響を受けた活気が感じられる。

　しかし、それ以前にも全く西日本の影響が見て取れないかと言えばそうとも言い難いのである。そのため、関東地域においては農耕以外の生業形態においてもその生計を成り立たせることが可能であったとの解釈も可能と思われる。そしてそれは実は、コメ作りという面倒な作業を実施しなくとも暮らしを維持できた社会というこ

とになるのである。

　人類学者のピーター・ベルウッドさんの調査によると、現段階でも農耕を実施しない集団は存在するし、必ずしもこうした生業に頼る必要がないことも明らかにされている。

　そのため、コメ作りが遅れたというよりも、生業形態を変えずとも生計を立てることができた集団がいたという解釈、また、それぞれの地域には地域ごとの特色があり、この地域差によって集団内の人びとが生活していたということを頭にもう一度置くと、結果は違ったものとなるだろう。すなわち、コメ作りが遅れたというよりもコンザバティフ（保守的）な生活スタイルを維持していた結果によるとみることができるのである。

　こうした地域差は、東日本を中心に日本全国各地において如実に見られることから、考古学者の設楽博己さんは、縄文系弥生文化の存在を示し、①農耕文化そのものを受け入れない地域、②農耕文化と環濠集落の両方を受け入れた地域、③農耕文化は受け入れても環濠集落は受け入れない地域、の三つの集団があったと考えている。

　すなわち、大陸系磨製石器群、木製農耕具、環濠集落といった技術体系が韓半島から導入されてはいるが、これらの技術体系は縄文晩期以来の既存の社会システムを完全に破壊したわけではないことが昨今の研究からも浮かび上がってきているのである。

　弥生時代は縄文時代の伝統を残しつつ、外からの影響を強く受けながら発展していった文化である。これはどの地域においても同じであるが、コメ作りに関わる要素を積極的に受容したかそうでないかの違いにほかならない。

また、西からの波は時期によって強かったり弱かったりしていたようである。これは南関東における住居址数が中期後半と後期において急増していること、また弥生後期に出現する方形周溝墓が、近畿から中期には伊勢湾沿岸や南関東、後期には北関東、東北まで広がっていることなどからも考察できる。

弥生時代にはその地域ごとの特性が強いにしても、これらの墓は基本的に一人一人のためのものではなく、副葬品の有無などから、前述したように階層差の萌芽も認識できると考えられている。そしてそこからは次に続く古墳時代における斉一性のある様相の萌芽が垣間見えるのである。

8．北の地域のコメ作り

水田に色の異なる稲を作付けし、こうした稲が生長した暁には、そこに美しい絵柄や文字を浮かびあがらせるように設計されている藝術作品。これが「田んぼアート」と呼ばれるものである。

1993年に村おこしのため青森県南津軽郡田舎館村で実施されたのが始まりであるが、今では全国100カ所以上の市町村で実施され、多くの観光客を集めている。

私が田舎館村で見た田んぼアートで印象的だったのは、浮世絵の一つをモチーフとしたものであった。少し高い位置から見ないとアートとして鑑賞できないのだが、緻密に計算されたその美しさには圧倒された。

JR弘前駅から車で40分。黒森山や富岡山を背後に、広大な津軽平野が広がっている。

図28　福岡県今宿の田んぼアート（平尾和久氏提供）

　地形を利用してリンゴ栽培が実施されており、ここは古くからのコメどころでもあったという。そして、このコメ作りは今では約2000年前から実施されてきたことがわかっている。

　すなわち、青森県の田舎館村では、かつてここでコメ作りが実施されていたことを示す垂柳遺跡が見つかっているのである。

　垂柳遺跡は洪水という不幸な自然災害によって一気に埋もれてしまった遺跡である。しかし、そのためもあって遺構の遺存状態が良好であり、水田址には多くの足跡が残されており、農作業の一端をそこから垣間見ることができるのである。

　田舎館村埋蔵文化財センターでは、遺跡の一部が覆屋で覆われ、検出された656枚の水田址（面積8000 m^2）の一部がほぼそのままの状態で保存されており、ここを訪れた見学者は水田址の上を歩く

こともできる。

　この遺跡が見つかるまでは東北地方には弥生時代という概念はあてはめられず、コメ作りはかなり新しい時期にならないと実施されていなかったと考えられていた。

　しかし、1950年代に偶然見つかった籾圧痕付土器や炭化米の出現、その後、青森県教育委員会を中心として実施された発掘調査により水田址が検出され、弥生時代中期末にはここで確かにコメ作りが実施されていたという事実が私たちの前に姿を現したのである。そしてその後、さらに古い前期に相当する砂沢遺跡（青森県弘前市）の様相が明らかとなり、北の地においてもコメ作りが早い段階から実施されていたことが確認されたのである。

　砂沢遺跡では水田址は6枚確認されているが、その面積は弥生中期に相当する垂柳遺跡のものより大きく、70〜80 m²となっている。

　砂沢遺跡における水田址は、現段階において東日本で最古のものであることは言うまでもないが、これほど北の地域においてもコメ作りがこのように早い段階から実施されていたことに、多くの人は驚くのではないだろうか。

9．衝撃の遺跡—柳沢遺跡—

　スズ、銅、鉛の合金である青銅製品は、弥生時代から検出され始める遺物である。しかし、この青銅器、弥生時代すべての遺跡で見つかるわけではなく、非常に貴重なものである。弥生時代の研究で学生時代よりお世話になっている先輩は以前、「自分の掘っている遺跡から銅鐸が出てきたら死んでもいい」と言っていた。それは、

特に関東地方で発掘をする人間にとっては、自分が担当している遺跡で青銅器に遭遇することが極めて稀であるからだ。この先輩の言葉からもわかるように、青銅器は北部九州や近畿地方、山陰地方を中心とした西日本で出土することが多く、東日本ではほとんど出土しないというのが常識だった。しかし、これを大きく覆す遺跡が、2008年に長野県で見つかったのである。この遺跡は長野県と言ってもほとんど新潟に近い中野市にあるのだが、弥生時代当時、ここは交通の拠点であったようである。

　遺跡の名前は柳沢遺跡。千曲川に流れ込む夜間瀬川の右岸に位置しており、2007年10月に、千曲川と夜間瀬川の合流地点の堤防嵩上げ工事に伴う発掘調査で、7本の銅戈と1個の銅鐸が出土した。こうした資料は、コメ作りやこれに伴う祭事を実施していた証拠と考えられるのである。

図29　千曲川のそばに立地する柳沢遺跡

第4章 弥生人はコメを食べていたのか？ 117

　調査を担当した廣田和穂さんによると、遺跡から出土した銅戈と銅鐸は同じ埋納坑に埋められていた可能性が高いという。そして、この埋納坑を囲むようにして、水田や礫床木棺墓群、竪穴住居群、土器棺墓群などもみつかっており、中央に位置する大きな墓である礫床木棺墓群からは管玉約80個が出土し、この集落内における有力者の墓と考えられるのである。

　またこの遺跡からは、長野県内では初の出土となる、シカを描いた弥生時代の絵画土器も出土している。これに伴う土器の型式は、信州中部高地から北関東に広く分布する栗林式（中期後半に相当）だが、この土器は銅戈や銅鐸と同じく近畿地方とのつながりを連想させるものである。その理由は、この絵画土器に描かれているのがシカであるからでもある。

　シカは土器や銅鐸にモチーフとして描かれることが多く、稲作による農耕社会において、稲の成長すなわち豊作をもたらす力を持つ聖なる生物と考えられていたらしい。

　こうした絵画土器は、国内ではこれまで数百点の出土が確認されているが、シカを描いた絵画土器は、東日本では出土数が少なく、地点も限られていた。そしてもちろん長野県内ではこ

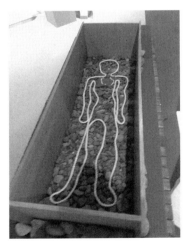

図30 長野県柳沢遺跡出土の被葬者がおさめられていた礫床木棺墓

れまで出土したことがなかったのである。

　廣田さんはこれらの状況を踏まえたうえで、近畿地方から、銅戈、銅鐸と共にシカの絵画が伝わり、それをモチーフにした土器が作られて、稲作に伴う農耕祭祀が行われていたと考えている。

10. コメ作りはいつから

　考古学では長い間、農耕社会の成立を、縄文時代から弥生時代へかけての変化と同じと考えてきたし、本書を手に取ってくださった方々の多くもそのように考えていらっしゃるのではないだろうか。

　しかし、2014年11月、ある小学生が副読本として使っている本を見せてもらうと「日本でおコメが作られるようになったのか縄文

図31　柳沢遺跡出土の大量の青銅器

時代の終わりごろです」と書かれていた。少なくとも私が学生のころには、そんなことは書かれていなかった。

しかし、コメが比較的早い段階から存在していた証拠は、土器にも残されている。

土器に観察されるさまざまな痕跡をシリコン樹脂でかたどり、それらを走査型顕微鏡で観察する。すると、そこに当時、栽培された植物が存在していた痕跡を示す「植物圧痕」としてコメが確認されることがある。

この調査方法はレプリカ圧痕法と呼ばれているもので、この20年ほどで急速に進んできた、新しい研究法の一つである。

このような圧痕は、土器が作られた時に付いたものであり、すなわち土器の製作時期と同じ時期のものということになる。要するに、圧痕として確認された植物は、その土器の製作されたまさにその時と同じ時間に生育していたのである。

このような土器に残された圧痕の観察を進めた結果、ヒエ・アワなどの穀物と同じく、コメもまた、弥生時代の少し前から存在していたことが明らかとなってきた。

言うまでもないことであるが、コメは日本固有の植物ではない。基本的に大陸からもたらされたものである。

日本列島でコメ作りの導入が最も早かったのは北部九州である。少なくとも他地域より数百年早く、そのころ、他の地方はまだ縄文時代と分類される。

このため、同地区では考古学者もわざわざ「弥生早期（この言葉は現在のところ、北部九州地域でのみ使われることが多い）」とい

う言葉を用い、他の地域とは異なり、コメの伝来は、すなわち弥生時代の始まりということを示唆してきた。しかし、最近の研究成果によって、「弥生早期」よりもやや早い段階において、コメが伝播していたことが明らかになりつつある。

たとえば、考古学者の中沢道彦さんは、徳島県三谷貝塚（縄文晩期末）などで、圧痕観察によってこの時期からのコメの存在を確認している。このほか、炭化米も含めると、コメの痕跡は縄文後期の末頃から、さまざまな遺跡で見つかっているのである。

コメ1粒は順調に生育すれば、収穫期には1000粒といった爆発的な増え方をしてくれる。そのため、多年生の性質を持つコメは年々増え、やがて人びとの生活を支える大切な食糧となったのであろう。すなわち、コメ作りをはじめるようになって、初めて人びとは計画的に食糧を管理できるようになったのである。

計画的に食料を管理できるようになると、そこで暮らす人の数も増えていく。人が増えると食い扶持が増えることになるので、食糧管理もより整備された形をとるようになる。こうしたサイクルが繰り返され、人びとの生活が少しずつ変わっていったと考えられるのである。

その結果あらわれた最終的な姿こそ、本当の意味での稲作を基盤とした社会。そしてこのコメ作りを基盤とした社会構成こそは、弥生時代の大きな特徴とされ、これまで考古学者はそれをもとに、弥生時代に関する、さまざまな考察を行ってきた。

ただし、後述するが、初期の稲作ではコメ作りの規模はかなり小さく、収穫量はそれほど期待できるものではなかったようである。

第4章 弥生人はコメを食べていたのか？ 121

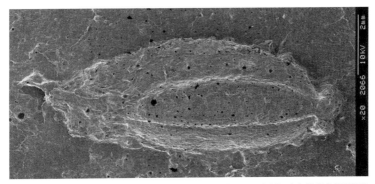

図32 圧痕レプリカ法によるイネの痕跡を示すSEM写真（島根県板屋遺跡
Ⅲ遺跡出土例。中沢道彦氏提供）

また、かりに稲穂として育っていっても、台風などの容赦ない自然災害によって大打撃をうけることもあったと思われる。

そのため弥生時代のいつから、作ったコメを彼らは、どのくらい食べていたのか、もう少し考えておく必要があるだろう。
また、弥生人の中には、コメ作りに従事した集団とそうでない集団があるとも考えられ、コメ作りだけでは弥生時代を語ることが難しくなってきているのも確かである。コメ作りを基礎に社会を形成していったのは弥生社会が最初かもしれないが、これをもとに食事メニューなど人びとの生活を大きく変わっていったのはもう少し時間がかかるように思われる。

11. 食性の多様性——骨の分析でわかる食生活——

一般に、海に近い場所に暮らした土井ヶ浜遺跡の人たちは、海産

物を食材として利用することが多かったと考えられている。それは動物考古学者の沖田絵麻さんの研究成果からも明らかであるとともに、漁撈活動に伴う遺物や人骨に外耳道骨腫と呼ばれる所見が確認されることによる。

また実際、人類学者の米田穣さんが行った食性分析の結果によると、海産物に依存している傾向が示されており、彼らがバランスのとれた食生活を営んでいたことも指摘されている。

魏志倭人伝は、弥生時代の倭（日本）の状況について、「無良田、食海物自活、乗船南北市糴人性嗜酒」と記している。すなわち、訪れた倭には、「とても良い水田があり、海産物も豊富で船で行きかう人びとは酒を好む」と魏の使者は述べているのである。

佐賀県の吉野ヶ里遺跡に行くと、呪術的な能力を持ち、それで民をおさめていた卑弥呼の存在をアピールする展示がある。日本の歴史上の人物の中でも極めて関心の高いこの女性は、邪馬台国の存在とともに謎につつまれ、神秘的なイメージを醸し出している。

だが、卑弥呼や邪馬台国について考古学者が事細かく議論するための証拠となる資料は残念ながら現段階では不十分である。そのため、現段階では考古学の方法論からは、卑弥呼や邪馬台国の存在についてきちんと論を展開できない状況にある。

その一方で、卑弥呼が暮らしていたとされる弥生時代についての研究は進展している。その一つの例が食性分析。私たちは、弥生時代の人びとが何を食べていたのかを、出土した人骨を分析することによって知ることができる。

骨はカルシウムやリン酸などからなるが、この分析法では、中で

も骨に含まれているタンパク質の一つであるコラーゲンを抽出し、ここから導き出される炭素と窒素の同位体の比率から、生前その人がどのようなたんぱく質を摂取してきたのかを明らかにすることができる。

　コラーゲンは生前、骨の中に約20％含まれており、この分析法では、対象になった人物が、なくなるまでの約10年間の食事内容を平均した値として数値で認識することができる。

　たとえば、北海道の縄文人は主に海棲哺乳類を食べており、本州の弥生人は植物を中心とした食生活を送っていたということがわかるのである。

　この分析法は1980年代から本格化するのだが、その後、分析資料が増加し、現在では弥生時代の日本列島において、集団あるいは、性別や年齢によって、さまざまな食生活のパターンがあったことが明らかになってきた。

　米田穣さんは、植物性の食糧への依存度が高い弥生人の中にも魚介類を多く摂取している集団は存在し、狩猟採集民といわれる縄文人の中にも、澱粉質のものを多く摂取している集団が存在していたことを指摘している。

　食性分析では、山口県の土井ヶ浜集団と鳥取県の青谷上寺地集団とでは結果が類似しており、コメ作りを実施していた福岡県の金隈集団などとは異なることが明らかにされている。また、佐賀県の大友集団とも異なる結果が提示されていることがわかっている。

　弥生時代の遺跡からは、植物遺存体として、ドングリなどの堅果類や、大豆、ヒエ、アワ、ムギなどが出土している。また別項で述

べたように、弥生時代の炭化米には、ヒエやアワなどの雑穀類がまじるものが散見される。このように立地している遺跡の周囲の環境によって、コメ以外の食材もかなり摂取していたことがわかるのである。現在の食性分析では、雑穀類である ^4C 植物、ドングリとコメなどの ^4C 植物の違いは明らかにできるが、ドングリとコメを具体的にどのような比率で摂取していたのかについては明らかにすることはできない。

しかし、弥生時代になったからといって、多くの人びとが毎日コメを食べるような暮らしに変化したとは限らないことがわかるのである。

これらのことから考えると、弥生人のなかには、漁撈活動やシカやイノシシなどの狩猟活動を行い、山菜やドングリを採集しながら、一方で豆や種々の雑穀を栽培し、コメ作りを実施する集団がいるかと思えば、コメ作りを本格的に実施していた集団もいたということになるのである。

第5章 骨と環境

1. 食料資源と環境

　ヒトゲノム解析が進められ、人間とは何かを生物学の研究分野からも深く考察できるようになってきている。人間について認識するため、近い関係にあるサルなどの霊長類に関しての研究を進展され、人間とはいったいどのような生き物なのかが考察されている。そして、人間のDNAはサルとでは1.5％しか違わないことが明らかにされている。骨格などの形態的でみると人間とサルではその特徴は大きく異なっているが、その形態を形作るもとであるDNAには大した違いはないのである。

　地球上ではさまざまな生物がこれまで生存・繁栄そして場合によっては絶滅してきた。その中でも人間は繁栄に繁栄を重ねている。しかし、これに対して現在、絶滅危惧種として保護対象になっている生物が増加しているのである。これまで人間は地球の40％に当たる地域を作り替えてきたし、自然環境を破壊する存在になってしまっている。

　現状を危惧する古生物学者のアンソニー・バーノスキーさんは、2030年までにサンゴ礁は姿を消し、あと約200年足らずで現在生存している哺乳類の半分は絶滅に至る可能性があると述べている。そして2050年までに人口は更に30億人近く増えると予想されてい

るのである。先進国の中では少子化が問題視されているが、地球規模で見るとそうとは言えないのである。

　そしてさらに、近年絶滅するであろう生物の種類が増え、そればかりでなく、絶滅に至るスピードも加速していくことも指摘されている。そうならないためには、地球上で特異な存在となっている人間の無秩序な活動を見直し、自然保護地区の早急な拡大が望まれる。

　人間はコメ作りをはじめ、さまざまな活動を実施し、周辺環境に手を加えてきた。持続する社会を維持していくためには私たちが何をすべきか……、それは環境破壊をせずに生存するということであろう。しかし食料獲得にはさまざまな活動が不可欠であり、いかに分配するかと同時にいかに食べるかも大切である。

2．おいしいものは体に悪い？

　この本で取り上げてきた先史時代人は、食料獲得に際してかなり苦労をしてきている。こうした先人たちと異なり、現代社会を生きる私たちの中には食べ過ぎによって病気になる者もいる。

　たとえば脂肪のとり過ぎで肥満、メタボリックシンドロームになってしまったり、糖分のとり過ぎによる糖尿病の発症、タンパク質のとり過ぎによる腎臓への負担の増加などとり過ぎによる病気は多くなってきている。とり過ぎと問題視されているタンパク質や脂肪、糖分はすべておいしいものである。よくおいしいものは体に悪いといわれる。が、本当のところはどうなのだろうか。

　ちなみにこうしたおいしいものを食べ過ぎて病気になる人は、70年前の日本にはほとんどいなかった。それは食料そのものが不足し

ていたからであり、食べ過ぎたくとも食べ過ぎられない状況にあったからだ。少ない食料でなんとかやっていかなければならない状況では食べ過ぎの状態はあり得ない。先史時代の人びとの場合は、先述したように、骨疾患として栄養不良による所見が残されており、少なくとも食べ過ぎはあり得ない。

そして改めて考えてみると、こうしたおいしいものは体に悪いのではなく、適量を維持すれば体によいものであることもわかる。すなわちこれらの栄養素は私たち人間が声明を維持するためには必要なものである。

生命を維持するためには私たちは食べなければならないし、食べるという行為ができなくなったときは死を意味する。生きるために食べる、そして食べるために働くという行為を繰り返し、人間の繁栄を得てきたのである。そのためおいしいものが体に悪いのではなく、食べ過ぎが体に悪いのである。

過去の社会においてこうした食べ過ぎの人がいたかどうかは不明である。先史社会の人骨資料からこうしたデータが収集できていないが、今より確実に栄養摂取が少なかった社会においてはこうした人間が存在することはまれであったと思われる。

先述したように、食べるということはただ単に栄養素を取り入れるだけではなく、そこには文化的な要素が盛り込まれており、人間は食べるという行為を娯楽の一つともしているし、楽しみの一つとしているのである。ただ食べ過ぎをはじめとし、享楽におぼれてはいけないということであろう。食欲のコントロールはなかなか難しいことであるが、現代人にはある程度必要なことであろう。

食を通した私たちのこれから 何のために食べるのか？

　この本のテーマの一つが私たちとコメとの関わりである。私たちにとってコメが特別なものである。が、そうでありながらも意外と食べてこなかったのも事実である。これは、どの作物も自然災害等に収穫を左右されることにもよるだろうが、一つの食材に偏った食性をとると食料供給が難しくなってしまう危険を避けたとも考えられる。先述したように、コメはいまでこそ主食となっているが、その歴史が意外と新しいものであることを改めて認識できる。繰り返しになるが、日本人が白米を食べるようになったのは明治時代以降なのである。

　WHO は地球上から飢餓をなくすためさまざまな対策をこうじている。日本をはじめとした先進国では食べ物が残飯として年間 220 万トンもすてられているという。が、いまだ飢餓を撲滅させることはできていない。公益財団法人　日本ユニセフ協会によれば、2014 年現在 9 人に一人が飢餓状態にあり、毎年 630 万人が 5 歳の誕生日を迎えることなく死亡しているという。こうした食の無駄をなくすために 2015 年、イギリスでは大豆などの豆類から作った栄養機能食品（ソイレント：soylent）が作られた。水に溶かすだけという手軽なこの食品は人間が生きていくのに必要な栄養素がすべて含まれており、30 日間これだけで生活した人には健康上全く問題がなく、むしろ比較的長期間に及ぶ栄養機能食品の摂取で健康になったという報告がある。また皆が本食品を日々の食事とすることによって環境問題をも解決できるとしているのである。栄養があって環境にも優しい食べ物。まさに理想的である。しかしこの食べ物を皆が

食べるようになるだろうか。答えは言うまでもなくノーであろう。

　実際30日間、この栄養機能食品を食べ続けた男性は、「健康にまったく害がないことはわかったが、もう……」と言ったという。彩よく盛り付け食べることは脳を刺激し、食欲も増す。人間は生きるために食べるというが、食べるためにも生きているのである。すなわち、食べることはわたしたちにとって楽しみの一つ、娯楽という側面も保持しているのである。

　誰かと何かを食べることは文化的な行為の一つでもあるからである。知らない土地に行って初めて何かを食べた時の感動、そしてその背景にあるさまざまな活動を理解することにより、有意義な経験をだれもがしているだろう。考古学であれだけ土器の研究を熱心に行っているのも、食が生活や文化を考察する上で大切なものの一つだからであろう。

3．弥生人の食卓

　コメ作りが始まった弥生時代について述べてきたが、では、ここで改めて、コメ作りを始めた弥生人の食卓がどのようなものであったのかをみておきたい。中国の歴史書『魏志倭人伝』には倭人の暮らしについて次のような記述がある。

　　種禾稲、紵麻、蠶桑緝績。（中略）倭地温暖、冬夏食生菜。食飲用籩豆、手食。

　すなわち水稲、紵麻（カラムシ）の種をまき、養蚕して絹織物を紡ぎ、温暖な…

　この文章からは、この時期、倭ではコメ作りがなされていたこと

が明らかであるし、食べ物を食べるときに高坏を用い、手づかみで食べ物を食べていたことがわかる。各地の遺跡から出土する甑を使って蒸してコメを食べていた様子がうかがえる。また、次のような記述もある。

　當時不食肉、喪主哭泣、他人就歌舞飲酒。

すなわち弔時には、酒を飲み、肉食をさけていたようである。

各地の遺跡から出土する炭化物や食性分析の結果から、弥生時代にもコメ以外にアワ・ヒエ・大豆・小麦なども食されていたこともわかっている。また、煮炊き用の調理道具の一つである甕に残る炭化物の状態から、穀物を粥状にして、木製スプーンを使って食べることもあったと推定されている。さらにはドングリなどの堅果類も各地の遺跡から出土しており、縄文時代以来の食性を捨て去ったわけではなかったようである。

図33　弥生時代の食卓イメージ（国土交通省九州地方整備局国営海の中道海浜公園事務所提供）

4．姿、かたちがかわる

縄文時代から弥生時代にかけて日本列島に住む人間の顔の形が変わり、身長も伸びていたことがわかっている。しかしこれは単に変わったというのではなく、先述したように新たな形質をもった人間が大陸から渡来してきたということである。しかし、新しくやってきた人間がいないような場合でも、顔の形や体のさまざまな特性に変化がみられることはある。

食性は私たちにとって大きな影響を与える。たとえば、何をどのように食べているかによって顔つきにも変化がでてくる。

日本列島に暮らす人びとには「低顔」と「高顔」という二つのタイプの人たちが共存しているが、こうした形態的特徴はその人物の個性であるばかりでなく、遺伝的な要素および環境適応の様相をも反映している。すなわち昨今の現代日本人の顔面形態の特徴及び四肢を中心とした形態的特徴をみれば、昭和より前の時代の日本人とは明らかに異なるものである。

たとえば、100年前の日本人（明治のはじめ）は低身長で、下肢が短く、胴の長い体型が多かった。しかし現在（2013年）の成人男子平均身長は170.7 cmと高く、足の長さは身長の約半分になっている。日本人の身長は過去1世紀の間に平均して、男女とも10 cm伸びている。これは正座などの姿勢をとらなくなったことやタンパク質摂取量の増加など栄養改善に伴うものとされるが、大きな変化である。

顔の形にしても平成男女の容姿はかつての典型的な日本人とは異なるものであり、いわゆる美男美女が増えたように感じられるので

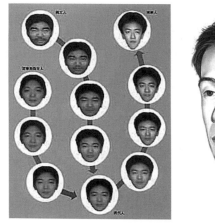 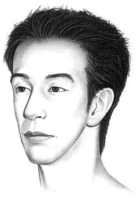

図34 原島博・馬場悠男の研究による未来人の顔（原島・馬場 1996、イラスト：石井礼子）

ある。

　骨の形の変化は急激に生じるものではない、すなわち何百年またはそれ以上の時間をかけて緩やかに変化してきたのである。たとえば、上下顎の歯列弓幅にはここ 50 年では変化がないが、500 年前の古人骨と比較してみると私たちの顎の大きさは異なっている。現代人の顎が小さくなった理由は不明であるが、顎の骨の形には遺伝的な要素が大きく関与しているとされているが、環境によっても変化する。

　ヒトはほかの動物と違って火を使って調理をしたものを食べるようになり、頭頂部全体を覆っていた咀嚼筋および顎骨も小さくなっていった。

　ちなみに、未来の日本人の顔がどのようになるかを想像すると頭

が巨大になり、眼以外の顔の器官が極端に退化した状態になるという。これは、縄文時代の平均的な顔と弥生時代の平均的な顔が混ざり合って現代日本人の顔ができたと仮定し、その混ざり具合をCGで表し、縄文、弥生から現代までの過程を延長してできた未来顔である。これは過去に起こった傾向を外挿（延長）して未来を予測するというもので、現代から未来へは、縄文または弥生顔の混合は終了し、顔かたちの変化だけが起こったと仮定しているのである。

5．骨にみる高齢者の活躍

年を重ねた人間の骨は若い個体のものとは異なる。これは長く生きていることによる骨格に対する酷使からくるものであるが、年を重ねた人間の骨とはどのようなものだろうか。

高齢個体の場合、あちこちの骨に骨棘（余分な突起）が形成されていたり、カルシウム不足等により、骨がもろく場合によっては骨折することもある。年をとって背が縮むのは、背骨にみられる圧迫骨折によるものであったりする。

いずれにせよ、現代の「高齢者」や「老人」には哀愁がただよっている。年をとると体のあちこちにガタがくるし、些細なことがきっかけで体調を崩し、その結果、寝込んでしまうこともある。

特に、自分より年上の人たちの痛ましいニュースを耳にすると、どうしても、後ろ向きで、重たい気分になる。だが、老人は昔からこのように暗くて哀愁が漂う存在だったのだろうか。

縄文人の平均寿命は30歳とかつての教科書には記されていたが、これは個体差を考慮しない数値で、現在では60〜70歳まで生きて

いた個体が少なくないこともわかっている。たとえば土井ヶ浜遺跡出土の103号人骨では、全体としての骨格はがっしりした強靭なものであるが60歳はいっているだろうという高齢の個体である。

同じように、弥生人についても個体差が大きく、30歳で命を落としてしまう者がいれば、かなりの高齢まで生きた人もいたのである。では弥生時代の老人はどのような暮らしをしていたのだろう。

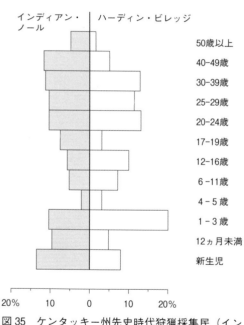

図35 ケンタッキー州先史時代狩猟採集民（インディアン・ノール）と農耕民（ハーディン・ビレッジ）出土人骨の死亡年齢の比較（クレア・カシディ「農耕民と狩猟採集民の栄養と健康状態」『栄養人類学』1980年）

弥生時代は大陸との交流が活発となり、社会が大きく変容していった時期と考えられる。こうした場合、縄文時代にも言えることだが、若者ばかりの集団では、その成熟度がいま一つ高まらない。それは、さまざまな世代の人間が存在し、さまざまな経験をしてきた老人がいてこそ、集団としての成熟度が高まるからである。

歴史学者のジョル

ジュ・ミノワさんの研究によれば、古代オリエント社会やギリシア・ローマ社会では、老いについて、多義的な定義が行われている。すなわち、そこでは老人は、①、体力と財力のない社会的還元の難しい世代、②、知識と経験により社会問題に対応していける柔軟な世代、③、豊富な財力を基に自己投資やメセナ活動に励む世代、と説明されているのである。

すなわち文字が一般に広まっていなかった当時、所属する地域社会内において知恵と経験を十分に蓄えた老人は、まさに「生きた古文書」であり、法の代理人という権威をも併せもっていた。

18世紀当時、世界でも屈指の高レベルの大衆文化を展開していた江戸の町人たちの中にも、このような尊敬すべき老人たちが地域ごとに存在していた。

たとえば江戸時代の儒学者である貝原益軒の業績がそうだ。貝原は優れた学者で数多くの著書を残しているが、特に有名なのは84歳の時に執筆した『養生訓』である。

「老いては気少なし。道を遠く行くべからず。道をはやく行くべからず。」となどと書かれており、貝原は加齢によって体の自由が少しずつきかなくなっていくことに嘆きはしていたものの、こうした衰えは誰にでもくるものであり、仕方がないことであると達観したうえで、自らを奮い立たせ、毎日を心穏やかに過ごすために、人生を楽しむことの必要性を説いている。

さらに、貝原研究をわかりやすく紹介している歴史家の立川昭二さんは、「老人が元気な社会は素晴らしい社会である」と述べているが、本当にそのとおりであると思う。

とはいえ、一口に老人といっても、実際にはさまざまなタイプの人間がいる。そのため、経営者も本人も、できれば「定年」には固執せず、その人にあった生き甲斐としての「仕事」を希望する限りは続けられるよう、適材適所での配置を考えてもらいたいものである。

ただし、こうした制度を実行するためには、周りの理解が不可欠であり、国のサポートも欠かせないのだ。高齢者人口が増えるということは、すなわち発想の転換が必要なのであり、具体的な課題として、老人たちが活躍できる「場」を提供していかなければならない。また、彼らが彼らなりに活動できるためのサポートを若い世代がしなければならないのであろう。

6．過去から学ぶということ

知識はないよりあったほうがいい。たとえば、山登りの知識を全く持たず地図も食料も持たない若者は遭難する確率が高いが、地図を持ちその山に登ったことのある者にアドバイスを受けた若者は頂上へ効率的に早く到達し、今まで見過ごされてきた新しい何かを発見して下山してくるかもしれない。要するに何か行動するにあたっての道具の一つとして知識を持っていたほうがいいということになる。そして、これはプロイセンの政治家ビスマルクの「愚者は経験から学び、賢者は歴史から学ぶ」という言葉とも重なってくる。

本書で扱ってきた弥生時代というのは、海外の人びとにとって、実は少しマイナーな時代である。縄文人たちは狩猟採集民でありながら装飾的な土器を作っており、虫歯の少ない人たちとして超有名

である。

　また江戸時代や戦国時代は映画やテレビドラマの影響も強く、ファンも多い。そのため、私のイギリスの友人などは「縄文の次はトヨトミ・トクガワでしょ」などと言ってくる。しかし、弥生時代生業の一つとして農耕が確立され、大陸からの土器が日本で出土し、韓半島で日本の土器が出土したりと交易・交流が本格的にみられるようになった飛躍の時代である。本書で紹介してきた弥生時代とまさにその時を生きた人たち。彼らが残したさまざまな痕跡から私たちは多くを学ぶことができるだろう。

　たとえば、私たちが今当たり前のように食べているコメを作るのに大変な努力を積み重ねていたと推される。静岡県登呂遺跡のように約 75 m^2 の水田（約 7 町 5 反）を営むなど、今とは比べ物にならない規模の小さな田んぼで化学肥料もなく、台風などの自然災害に直面しながら少しずつコメ作りに励んでいた。そこには私たちには計り知れない苦労があっただろうし、その苦労から彼らは大きく成長していったのである。

　弥生時代になると青銅や鉄など金属でできたモノが使われるようになる。そのうちの一つである銅鐸には、絵画表現が施されている場合があり、当時の人びとの心性に触れることができる。

　遠近法などといった技法のない時代には、描かれているモチーフそのものの解釈が難しい。高床式住居や動物などの関連性や実大スケールをおしはかることはできない。

　現在では特殊な絵画を除きこうした描かれ方はしないが、かつてはこういう描き方が多く見られ、エジプトの壁画などもこれにあた

る。すなわち、見たまま思い思いに描かれていたのである。そして、そこから心性が直に反映され大切なもの重要なものが大きくはっきりと描かれている。

　こうした絵画表現を考古学者の佐原真は、多視点画と言っている。この場合、横から見た状態と正面から見た状態が混在しており、今の絵画とは違う描き方がなされているのである。兵庫県神戸市灘区で見つかった桜ヶ丘銅鐸の中でも5号銅鐸（高さ約40cm）に描かれた意匠もこうしたものである。

　5号銅鐸A面には、カエル、カマキリ、クモまたはアメンボウ、カエルをくわえた蛇とそれを追う人物や争っている人物などが描かれている。そしてB面にはトカゲ・イモリ・トンボ・魚・水鳥・スッポン・カメと人物がいる。カメなどの小さな動物も実寸よりも大きく描かれている。

　このように描かれた動物と人物の関係性や意味をとらえることは難しいが、農耕という生業をたたえるものだとみなされることが多く、脱穀や狩りをする人物もそこには描かれている。そしてそこに描かれた人物と動物のサイズは大差なく、自然の恵みの一つである動物に感謝をしていたとも考えられるだろう。「考古学は大昔のことばかりを対象としているのではない。」と佐原真は言っている。過去のさまざまな資料から学ぶことは本当に多い。人間は残念ながら、過ちをおかす愚かな動物であるから、戦いによって多くの人が死ぬことも弥生時代の遺跡から私たちは再認識できるのである。

　現代社会にはさまざまな問題が山積みである。そして、こうした問題を解決するための糸口は過去の社会にあることも多く、現代の

私たちの思考の思考に近い江戸時代や明治時代ではなく、遠くはなれた時代からヒントを得ることもできるはずである。

　コメ作りをはじめ今の私たちにもつながる作業が数千年前から実施されており、こうした彼らの生活をさまざまな角度から見ていくことで過去は単なる過去ではなく現在とつながっていることに気づかされる。そして私たちは、遠い過去から未来をみることができるのではないだろうか。

参考文献

アシュレイ・モンターギュ 1986『暴力の起源―人はどこまで攻撃的か』自然誌選書
石川日出志 2010『シリーズ日本古代史 1 農耕社会の成立』岩波書店
石毛直道 1982『食事の文明論』中央公論社
井上英二 1978『人間にとっての遺伝と環境―シンポジウム「遺伝と環境」より』講談社
井上貴央 2009『青谷の骨の物語』鳥取市社会教育事業団
井村裕夫 2000『人はなぜ病気になるのか―進化医学の視点』岩波書店
梅崎昌裕 2010「人間の生態と適応、病と西欧」『朝倉世界地理講座―大地と人間の物語―15 オセアニア』朝倉書店
江田真毅・沖田絵麻・鵜澤和宏 2014「鵜を抱く女 再考」『日本動物考古学会第 2 回抄録集』
大神邦博 1968「福岡県糸島地方の弥生後期甕棺」『古代学研究』53
太田博樹 1998「古代 DNA 分析：弥生時代の人々の遺伝子〜遺伝子から探る日本人の起源（3）」『遺伝』 第 52 巻 裳華房
沖田絵麻 2008「山口県の響灘沿岸地域における弥生時代前半の生業―下関市綾羅木郷遺跡出土動物遺存体の分析を中心として―」『研究紀要』12 下関市立博物館
片岡宏二 1999『弥生時代渡来人と土器・青銅器』雄山閣
金関 恕 1986「総論」『弥生文化の研究』第 7 巻 雄山閣
木下尚子 2005「弥生時代の子供用腕輪―古浦遺跡の貝輪によせて―」『古浦遺跡』鹿島町教育委員会
金 鎮晶・小片丘彦・峰和治・竹中正巳・佐藤正史・徐玲男 1993「金海礼安里古墳群出土人骨（Ⅲ）」『金海礼安里古墳群Ⅱ』釜山大学校博物館
甲元眞之 2008「気候変動と考古学」『文学部論叢 97（歴史学扁）』熊本大学
佐藤洋一郎 2002『稲の日本史』角川書店
佐原 真 1975「農業の開始と階級社会の形成」『原始および古代 1』岩波講

座日本歴史1　岩波書店
佐原　真　1979「弥生時代の集落」『考古学研究』25（4）
佐原　真　2005『美術の考古学　佐原真の仕事3』岩波書店
澤田純明　2010「エナメル質減形成からさぐる縄文・弥生時代人の健康状態」『考古学ジャーナル』　2010年10月臨時増刊号　ニューサイエンス社
設楽博己　2013「絵画から解く先史の思考」『季刊考古学』第122号　雄山閣
篠田謙一　2007『日本人になった祖先たち―DNAから解明するその多元的構造―』NHK出版
下條信行　2007「西日本における初期稲作と担い手」『列島初期稲作の担い手は誰か』古代学協会編
ジョルジュ・ミノワ　1996『老いの歴史―古代からルネサンスまで―』筑摩書房
鈴木隆雄　1999『骨から見た日本人―古病理学が語る歴史―』講談社
鈴木　尚　1963『日本人の骨』岩波新書122
高木暢亮　2003『北部九州における弥生時代墓制の研究』九州大学出版会
高倉洋彰　2001『交流する弥生人―金印国家群の時代の生活誌―』吉川弘文館
高山文治・菊池臣一・大谷晃司　2010「腰部脊柱管狭窄の診断における歩行負荷試験の有効性の検討」『臨床整形外科』45（7）
立川昭二　2001『養生訓に学ぶ』PHP研究所
田中良之・土肥直美　1988「二列埋葬墓の婚後居住規定」『日本民族・文化の生成：永井昌文教授退官記念論文集』上巻　pp. 397-417
筑波常治　1986『米食・肉食の文明』日放協会
寺澤　薫　1999「環濠集落の系譜」『古代学研究』146
樋泉岳二　1992「池子遺跡群　No. 1-A地点における魚類遺体と弥生時代の漁撈活動」『池子遺跡群Ⅹ　No. 1-A地点』神奈川県立埋蔵文化財センター
中園　聡　2004『九州弥生文化の特質』九州大学出版会
中橋孝博　2005『日本人の起源―古人骨からルーツを探る―』講談社
乗安和二三　2006「土井ヶ浜砂丘に眠る弥生人」『豊北町史二』豊北町史編纂

委員会
橋口達也 2007『弥生時代の戦い』雄山閣
長谷川寿一・長谷川真理子 2000『進化と人間行動』東京大学出版会
原島　博・馬場悠男 1996『人の顔を変えたのは何か―原人から現代人、未来人までの顔を科学する―』河出書房新社
春成秀爾 1987「抜歯」『弥生文化の研究』8　雄山閣
春成秀爾 2001「南して邪馬台国、女王の都する所―邪馬台国の位置―」『三国志がみた倭人たち』山川出版社
平林章仁 2011『鹿と鳥の文化史―古代日本の儀礼と呪術』白水社
廣田和穂 2012「柳沢遺跡の発掘調査例会報告」『考古学雑誌』96（3）日本考古学会
深作光貞 1983『「衣」の文化人類学「下半身の装い」に探る人間の本性と変身への願望』PHP研究所
服藤早苗 2014『平安朝の子どもたち―王権と家・童―』吉川弘文館
藤尾慎一郎 2011『〈新〉弥生時代―500年早かった水田耕作―』吉川弘文館
藤田　尚編 2012『古病理学事典』同成社
藤田　等編 2005『古浦遺跡』鹿島町教育委員会
藤原　哲 2004「弥生時代の戦闘戦術」『日本考古学』第18号　日本考古学協会
ピーター・ベルウッド 2008『農耕起源の人類史』地球研ライブラリー6　京都大学学術出版会
北條芳隆 1999「墳墓とイデオロギー」『季刊考古学』67　雄山閣
ポール・ポースト（著）・山形浩生（翻訳）　2007『戦争の経済学』バジリコ出版
松木武彦 2001『人はなぜ戦うのか―考古学からみた戦争―』講談社
松下孝幸 2001『シャレコウベが語る　日本人のルーツと未来』長崎新聞社
溝口孝司 1997「二列埋葬墓地の終焉：弥生時代中期（弥生Ⅲ期）北部九州における墓地空間構成原理の変容の社会考古学的研究」『古文化談叢』第38集
森本厚吉 1921『生存より生活へ』文化生活研究会出版部

柳田康雄 2002『九州弥生文化の研究』学生社
山内 昶 1992『経済人類学の対位法』世界書院
山口 敏・中橋孝博 2007『中国江南・江淮の古代人：渡来系弥生人の原郷をたずねる』人間科学全書　研究報告シリーズ　2　てらぺいあ
山田康弘 2008『人骨出土例にみる縄文の墓制と社会』同成社
家根祥多 1984「縄文土器から弥生土器」『縄文から弥生へ』帝塚山考古学研究所
米田 穣 2005「骨の元素分析」『縄文 VS 弥生』国立科学博物館
リチャード・ゴードン 1997『歴史は病気でつくられる』時空出版

Barnosky, A. D. etc. 2011 Has the Earth's sixth mass extinction already arrived? *Nature* 471

Henderson J. 1987 *Factors determination the state of preservation of human remains Death, decay and reconstruction Approarches to archaeology and forensic science* Manchester University Press

Lewis, M. 2011 Tuberculosis in the non-adults from Romano-British Poundbury Camp, Dorset, England. *International Journal of Paleopathology*, 1 (1)

Suzuki.T.,Fujita,H.and Choi, J. G. 2008 New Evidence of tuberculosis from prehistoric Korean-population movement and early evidence of tuberculosis in far east Asia. *American Journal of Physical Antholopology* Vol. 136

Lewis, M. E. 2011 Tuberculosis in the non-adults from Romano-British Poundbury Camp, Dorset, England. *International Journal of Paleopathology*, 1 (1). pp. 12–23

おわりに

　お墓を掘るとそこからさまざまなものが出土し、被葬者を考察するための手がかりが残されている。それは副葬品であり、お墓の形態であったりするわけだが、これらには死後の世界での被葬者の安らかな生活を願う埋葬に関わった人たちの思いがつまっている。

　日本列島にはいわゆる「弥生人」となる人たちがやってくる前に、縄文時代を作った人びとが暮らしていた。弥生時代になると生業形態の変化にはじまり、社会は大きく変容したことが、さまざまな資料から裏付けられている。しかし、いつから弥生時代なのか、いつまで縄文時代なのか線引きすることは非常に困難である。

　昭和から平成にかわるとき、テレビで故小渕恵三氏が「平成」と書かれた文字をニュースで提示し、時代は昭和から平成へと移行した。しかし、私たちの生活は一変したかというとそうではなかったように思う。少しずつ平成の世の中にかわり、少しずつ社会は変わっていった。そしてお墓はというと、多様な形態をとるようにはなったが、葬式の形態に平成ならではのものはそれほど多くないように思う。

　弥生時代前期に相当する遺跡はあまり多くないが、その一つである福岡県新町遺跡は本文でもふれたように縄文時代とは異なる形態の墓地である。が、そこに埋葬されている人びとはいわゆる「渡来人」とはいいがたい顔立ちをしており、新町の人びとが縄文人かと

いうとこれも難しいところである。

　顔立ちによって渡来系、在来系との区分はなされているが、韓半島においても低顔の人びとは存在するだろうし、北部九州においては山鹿貝塚で出土しているような中顔・高顔の人びとが縄文時代から日本列島に存在していたことが明らかになっている。

　さらに福岡県金隈遺跡のように、弥生時代の中期においても低顔・中顔・高顔の人びとが一律に墓地に埋葬されている。このため、渡来人が緩やかに在来系の人びとと混じり合い、弥生文化をはぐくんでいったと考えられるのである。

　社会科の教科書に載っている典型的な弥生土器を使っていた人びとだけが弥生時代の人びとではない。均一ではない弥生時代をいかに掘り下げていくかが今後の課題の一つである。また西日本にばかりスポットをあてると東日本の弥生文化が遅れているのではと誤解する人が、かつて多かった。それぞれの特性を認識し、地域ごとの弥生文化をいかに提示していくのが今後の研究進展となるのである。

　本書では骨に残された病気の所見がキーワードとなっているが、骨病変として残される所見が生前の病気のどれだけに相当するのか、これは大変難しい。これは調べたくとも調べられないのが現状であり、生前どのような病気にかかっていたのか、そしてその結果、何が骨に残されているかを観察することができないからである。

　しかし、幸か不幸か私はこういった観察を併せてなすことができた。がんを発症し、手術によりとりあえず完治したものの、予後は良好ではなく、不健康な後期高齢者ならではの生活を5年続けるこ

とになった父親。火葬場で骨を拾い、その一部を持ち帰り観察して、父の骨格を再認識することができた。火葬されてはいるものの形態的特徴はしっかりと残っており、上腕骨骨頭は大きく、骨そのものは全体として大きながっしりとしたものであった。

しかし、病後のふさぎ込みから腹筋・背筋がともに衰え、猫背姿勢をとり、父の背中は大きく曲がっていた。そのため第8胸椎と第9胸椎は圧迫骨折、第2腰椎から第4腰椎は変形性脊椎症の所見を呈していた。肩が痛いと言っていた右肩には見事な骨関節症、眼窩には骨多孔性変化の所見がわずかに見られた。そして、複数の強い薬を飲んでいたため、骨はところどころグリーンに変色していた。

「死んだら観察資料にしたらいい」と生前言ってくれてはいた。しかし、その日がこんなに早く来るとは思わなかった。が、10年ぶりの大寒波のある日、父は急死した。

死因は誤嚥による肺炎だった。急死のため、骨に多くの病的所見は残されていなかった。発がん後、少しずつ体が弱っていたのは横で見ていて感じていたが、骨には、がんの所見は一切なかった。

父の葬式では、みなそろって死者を悼み、それを悲しんでいた。副葬品として中にいれるものは焼却の都合上、燃えやすいものしか入れられない。私は生前父が好きだったレコードの紙ケースのみを入れた。遺骨を拾い、生前の姿がすっかりなくなってしまったその様子を目の当たりにして、あーほんとに死んでしまったなとつくづく思った。

厳粛に行われた式を終えて、葬式の意義を改めて知った。これからは痛くも寂しくもない。安らかに眠ってくれることをただ願うば

かりである。

　太古の昔より遺族が思ってきたこと、気持ちが葬送儀礼を通じてそこに確かにあることを感じた。死んだらみんなどこに行くのだろうか。生前の姿が亡くなり、この世からどこかへ行ってしまった父。永遠におきることはないが、すやすやと眠りつづけたあと、新しい世界で何かの形で活躍してくれるような気がした。そして、初月忌を終え、本当に父と別れ、これまでとかわらない日常が始まって改めて思った。いままでありがとう、と。体のすみずみを観察させてくれた父に今まで言えなかった感謝の気持ちを込めて、本書を締めくくる。

　本書を執筆するに当たっては、多くの研究機関や各地自治体の方々に、図版写真や資料のご提供をいただいた。また、本書を記すことができたのは、お世話になった先生方、諸先輩方のご指導があってこそである。そしてこれまで、私の講演会等に足を運んでくださった市民の方々にも感謝の言葉を述べたい。ともすれば学界の中に閉じこもりがちになりそうなところ、皆さまから新鮮なご質問を頂くたびに、研究のヒントが生まれたこともしばしばだった。このように多くの方々のお力添えをいただいて、研究を続けてこれたことに感謝し、私はこれを人生最大の喜びとしたい。
　　　　2016年2月20日　父の霊前にて
　　　　　　　　　　　　　　　　　　　　　　　　　谷畑美帆

執筆者紹介

谷畑美帆 (たにはた みほ)

京都市生まれ
明治大学文学部史学地理学科考古学専攻卒業後、東京芸術大学大学院美術研究科芸術学科保存科学専攻博士課程修了（学術博士）。
日本学術振興会特別研究員（PD）、北里大学一般教育部研究員、明治大学大学院 GP 研究推進員等を経て現在、明治大学日本先史文化研究所研究員・同大学文学部兼任講師、明治大学黒耀石研究センターセンター員。

主な著書
　『考古学のための古人骨調査マニュアル』（共著、学生社）、『江戸八百八町に骨が舞う』（吉川弘文館）、『O 脚だったかもしれない縄文人』（吉川弘文館）など。

市民の考古学⑭
コメを食べ(た)ていなかった？弥生人(やよいじん)

2016年6月3日発行

著 者　谷 畑 美 帆
発行者　山 脇 洋 亮
印 刷　亜細亜印刷㈱
製 本　協栄製本㈱

発行所　東京都千代田区飯田橋 ㈱同 成 社
　　　　4-4-8 東京中央ビル内
　　　　TEL 03-3239-1467　振替 00140-0-20618

© Miho Tanihata 2016. Printed in Japan
ISBN978-4-88621-725-7　C1320

======= 市民の考古学シリーズ =======

① ごはんとパンの考古学

藤本　強著　　　　　　　　　　　　四六判・194頁・本体1800円

世界の二大食糧の麦と米。その製品であるごはんとパンはどこをルーツに、どのように拡がったのか。どのように社会と関わったのか。考古学を主に、さまざまな学問の成果を合わせて解説する。

② 都市と都城

藤本　強著　　　　　　　　　　　　四六判・194頁・本体1800円

政治・管理の中心たる「都」として発展した東アジアの都城と、生活・経済の中心たる「市」として発展した西アジアの都市。五千年を超える都市の歴史を考古学的見地から平易に解説する。

③ ホモ・サピエンスの誕生

河合信和著　　　　　　　　　　　　四六判・210頁・本体1900円

ホモ・サピエンスのアフリカ単一起源説を中心に、人類発生の故地やネアンデルタールの実態など、最近の調査を踏まえながら複雑な学史の流れを分かりやすく紹介する。

④ 考古学でつづる日本史

藤本　強著　　　　　　　　　　　　四六判・194頁・本体1800円

発掘調査で得られた考古資料を時系列に分析するとともにその本質を探ることで旧石器時代から江戸時代までの日本列島史を考古学的に構築し、平易な語り口をもって列島文化の本質を解説する。

⑤ 倭国大乱と日本海

甘粕　健編　　　　　　　　　　　　四六判・146頁・本体1500円

弥生時代から古墳時代にかけての「倭国大乱」期における日本海域の動向を考古学的に追究。古墳出現後に大和勢力が版図を拡大する様相を分かりやすく解説する。

⑥ 考古学でつづる世界史

藤本　強著　　　　　　　　　　　　四六判・186頁・本体1800円

人類の誕生から、西はローマ、東は唐までの歴史を、考古学の成果にもとづき、東と西の違い、住み方の段階分けを機軸に、ダイナミックかつ平易な語り口で解説する。

=== 市民の考古学シリーズ ===

⑦ 日本列島の三つの文化 北の文化・中の文化・南の文化

藤本　強著　　　　　　　　　　　　四六判・194頁・本体 1800 円

一般に日本文化とされる「中の文化」に対して北海道を中心とする「北の文化」と南島の「南の文化」、隣接するボカシの地域の文化を最新の考古学の成果から解説し、列島文化の多様性を探る。

⑧ 遺跡と観光

澤村　明著　　　　　　　　　　　　四六判・162頁・本体 1600 円

遺跡など文化遺産を地域社会の持続的な発展につなげるためには何が必要か。その望ましいマネジメントについて、経済学の立場からわかりやすく提言する。

⑨ 日本考古学の現在

山岸良二著　　　　　　　　　　　　四六判・178頁・本体 1700 円

日本考古学における現在の最新事情について、旧石器～近現代の各時代にわたって簡潔平易に解説し、重要トピックを網羅する。

⑩ 歴史時代を掘る

坂詰秀一著　　　　　　　　　　　　四六判・194頁・本体 1800 円

文字資料のみから語られてきた日本史の「通説」や、だれも疑わなかった「歴史的事情」を、考古学調査によってはじめて明らかになった事柄をもとに再検証し、歴史考古学の楽しさを紹介する。

⑪ 常陸国風土記の世界

茂木雅博著　　　　　　　　　　　　四六判・162頁・本体 1600 円

現存する五つの風土記のうち最も古いとされる『常陸国風土記』に記されたさまざまな事象のいくつかを考古学的にとらえ、古代常陸（今の茨城県）の人びとがどのように生きていたかに迫る。

⑫ 骨考古学と蝦夷・隼人

瀧川　渉編　　　　　　　　　　　　四六判・194頁・本体 1800 円

東北と南九州から出土した人骨を分析し、史料のみでは見過ごされていた生活にかかわる情報を拾い上げ、蝦夷、隼人と呼ばれた人びとの生活の様相を復元し、古代の両地域を比較・考察する。

===== 市民の考古学シリーズ =====

⑬ 古代日本と朝鮮半島の交流史

西谷　正著　　　　　　　　　　　　　　四六判・192頁・本体 1800 円

旧石器時代から日本の奈良時代、朝鮮の統一新羅・渤海時代にかけての日朝間交流史を、北東アジアの視座を念頭に、国際交流および住民間交流を含めて分かり易く紹介する。

その他の考古学書

アニマル・コネクション 人間を進化させたもの

P．シップマン著／河合信和訳　　　四六判・320頁・本体 3500 円

260万年前にさかのぼる石器製作の開始によって動物と人間との結びつきが強まり、そのことによって、ヒトが人類へと進化したという大胆な説を論証する、待望の邦訳。

新版　入門者のための考古学教室

山岸良二著　　　　　　　　　　　　　四六判・266頁・本体 1900 円

旧版「入門者のための考古学教室・改訂版」に新知見を大幅に取り入れ、学校の授業形式を模しながら、日本の旧石器時代から縄文・弥生・古墳そして歴史時代までを時系列にそって平易に解説。

入門パブリック・アーケオロジー

松田陽・岡村勝行著　　　　　　　　　　A5・194頁・本体 1900 円

近年、世界で広がっている新しい考古学研究、パブリック・アーケオロジーについてその成り立ちや理論、手法等を具体例とともに解説する初の入門書。現代社会と向きあう考古学の展望を示す。

考古学とポピュラー・カルチャー

櫻井準也著　　　　　　　　　　　　　　A5・162頁・本体 1800 円

コミックや映画などの大衆文化に登場する考古学者像を分析し、その変化や、人々が考古学や考古学者にどのような印象を抱いてきたのかを考察しながら、考古学と現代社会との関係性を探る。